달콤한 오후를 위한 첫 레이스 뜨기

# 태팅레이스 액세서리

기타오 에미코

*Tatting Lace Accessories*

# Contents

## 입체 모티브

p.14

1〜6

p.15

7〜14

## 체인 응용

p.16

15〜24

p.17

25〜32

## 입체 모티브 & 체인

p.20

33 · 34  팔찌 & 목걸이

35 · 36  귀걸이 & 팔찌

p.21

37 · 38  귀걸이

39 · 40  팔찌 & 목걸이 참

## 화이트×비즈 에징 & 브레이드

p.24

41〜44

p.25

45 · 46  귀걸이 & 래리어트

## 알파벳

p.28

47

p.29

48 와펜

49 브로치

### 지그재그 팔찌

p.32

50~53

### 동글동글 모티브

p.33

54~62

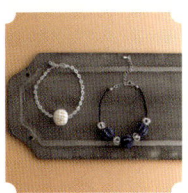

63 · 64 팔찌

### ○△□ 체인

p.36

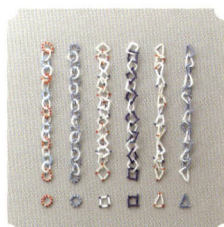

65~70

p.37

71~74 팔찌 & 귀걸이

### 링 응용

p.40

75~79

p.41

80~87

### 피코 플라워

p.44

88~91

p.45

92 · 93 브로치 & 귀걸이

94 · 95 바레트

### 플라워 코르사주

p.48

96~98

p.49

99~101

### 컬러풀한 머리 장식

p.52

102~104 슈슈

p.53

105 · 106 머리끈

107 · 108 머리핀

## 이 책에서 사용한 도구와 실 소개

도구

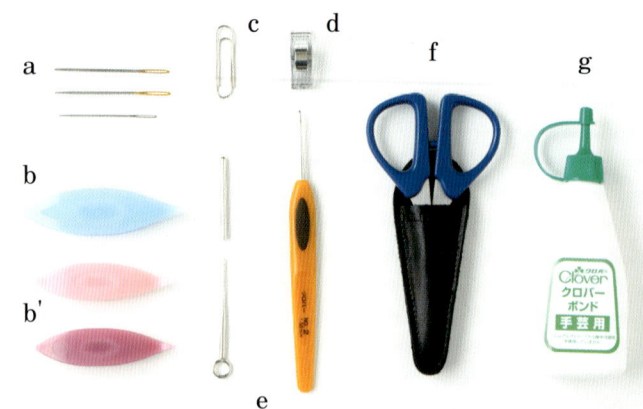

**a**…바늘
뜨개지에 꿰맬 때나 실에 비즈를 꿸 때 사용한다.

**b**…태팅 셔틀 L
큰 셔틀은 비즈 등을 함께 감을 때나 굵은 실을 감을 때 편리하다.

**b'**…태팅 셔틀
배 모양의 작은 실패. 셔틀 끝에 뿔이 달린 타입이 편리하다.

**c**…클립
뜨개 시작 부분에 매듭을 만들고 싶지 않을 때 사용한다.

**d**…임시 고정 클립
뜨개 시작 부분에 매듭을 만들고 싶지 않을 때, 클립으로 집어
뜨개를 시작할 수 있다.

**e**…레이스 바늘
뿔이 없는 셔틀을 사용할 때나 미세한 부분의 실을 끌어당길 때 있
으면 편리하다. 끈을 끼워 목에 걸 수 있는 타입도 있다.

**f**…가위
실 마무리를 할 때는 실 끝을 뜨개지에 바짝 붙여 자르기 때문에,
날이 예리하고 작은 것이 쓰기 편하다.

**g**…수예용 접착제
올풀림 방지, 실 마무리 등에 사용한다.

※그 밖에 뒷손질용 스프레이 풀, 다리미, 다리미판을 준비한다.

실

(사진은 실물 크기)

**a**…SPECIAL DENTELLES 80번, 레이스 바늘 8～10호, 면 100%, 5g 볼,
약 97m, 72색

**b**…CÉBÉLIA 30번, 레이스 바늘 4～6호, 면 100%, 50g 볼, 약 540m, 39색

**c**…BABYLO 30번, 레이스 바늘 4～6호, 면 100%, 50g 볼, 약 500m, 39색

**d**…Diamant 메탈릭 자수실, 레이스 바늘 6～8호, 비스코스 72%, 폴리에스테르
28% (D140은 레이온 89%, 폴리에스테르 11%, D5200, D316, D321은 메탈릭
폴리에스테르 100%), 약 35m, 6색

**e**…25번 자수실, 레이스 바늘 0호, 면 100%, 1타래 약 8m, 465색

a

b

c

d

e

※a～e는 모두, 왼쪽부터 실 이름→적합한 바늘→성분→형태→실 길이→색상 수
입니다.
※색상 수는 2014년 3월 현재 기준입니다.
※인쇄물이므로 색상이 다소 다를 수 있습니다.

## 기호도안 보는 법

뜨는 법 페이지의 기호도안은 뜨개지의 앞쪽에서 본 그림이 그려져 있다. 화살표의 진행 방향을 따라 지정 콧수의 더블스티치를 뜬다.
화살표가 시계방향으로 돌 때는 뜨개지의 앞쪽이 겉, 반시계방향으로 돌 때는 뒤쪽이 겉이 된다.

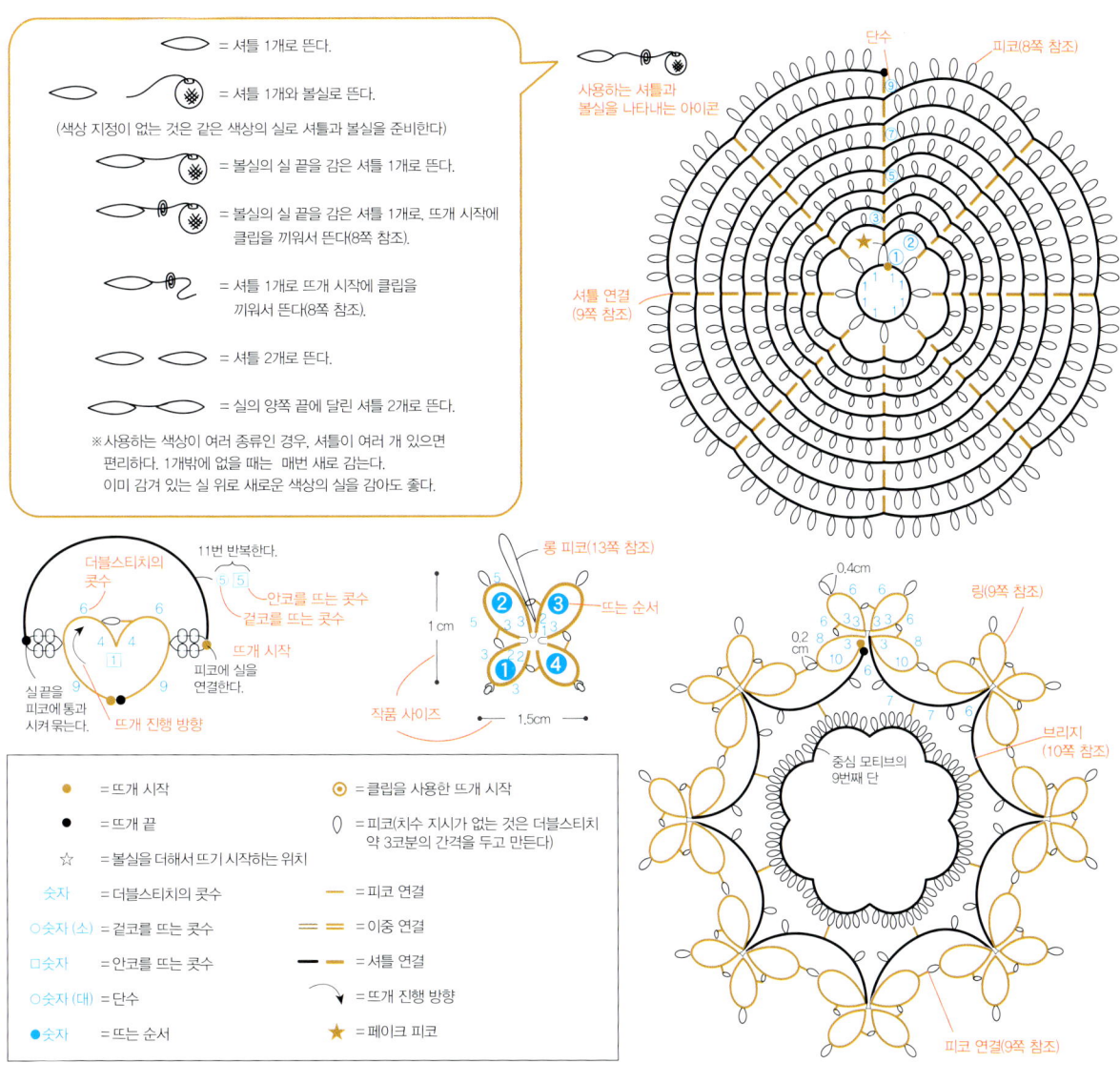

## 기초 Index

●셔틀에 실 감는 방법

실 묶는 법

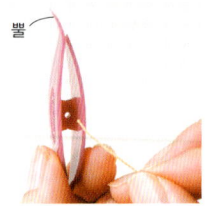

1 셔틀의 뿔을 왼쪽으로 해서 왼손으로 잡고, 셔틀 중심의 구멍에 실을 넣는다.

2 셔틀을 오른손으로 바꿔 잡고, 왼손으로 실 끝자락을 잡아서 셔틀 아래부터 화살표를 따라 실을 감는다.

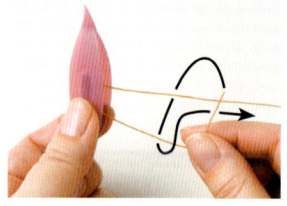

3 셔틀을 왼손으로 바꿔 잡고, 화살표를 따라 실 끝을 뜨는 실에 통과시켜 묶는다.

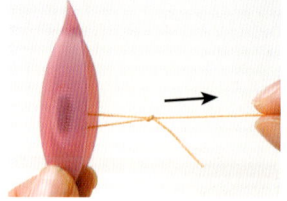

4 실을 당겨 매듭을 조인다.

5 실 끝을 1cm 정도 남기고 자른다.

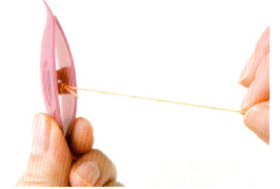

6 뜨는 실 쪽의 실을 당겨, 매듭을 셔틀 중심의 구멍에 가깝게 옮긴다.

실 감는 법

1 셔틀을, 뿔을 위로 해서 왼손으로 잡고, 오른손으로 화살표를 따라 감는다.

2 셔틀의 폭 정도까지 균등하게 감는다.

●셔틀 잡는 법

3 셔틀에서 30cm 정도 실 끝을 남기고 자른다.

셔틀의 뿔을 위로 하고, 실 끝을 반대쪽으로 빼서 오른손의 엄지와 검지로 잡는다.

●왼손의 실 거는 법
 (링을 뜰 때)
셔틀 1개로 뜰 때

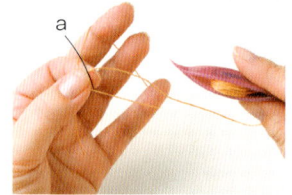

왼손의 엄지와 검지로 실 끝을 잡고(a 위치), 실을 손등 쪽으로 넘겨 원을 만들어 a 위치에서 실 끝과 겹쳐 잡는다.

(브리지를 뜰 때)
※셔틀 실과 볼실을 묶어서 뜨기 시작하는 방법으로 설명합니다.
셔틀 1개와 볼실로 뜰 때

1 셔틀의 실 끝과 볼실의 실 끝을 가지런히 합쳐서 오른손으로 루프를 만들고, 왼손 검지, 엄지를 루프에 넣어 화살표를 따라 엄지를 앞쪽으로 회전시킨다.

2 실 끝을 끌어 올린다. ★표시의 실을 왼손 엄지와 검지 사이에 끼운다.

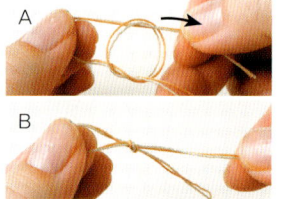

3 왼손으로 집은 실을 원 안으로 통과시켜 뺀다(A). 실을 당겨 매듭을 조인다(B).

4 매듭은 뜨개를 완성한 다음, 실 끝을 당겨서 풀고 실 끝 마무리를 한다.

5 매듭을 왼손 엄지와 검지로 잡고, 실을 왼손 손등 쪽으로 둘러서 새끼손가락에 1～2번 감는다.

● 더블스티치(겉코+안코) 뜨는 법

※브리지를 뜰 때의 왼손의 실 거는 법(6쪽)으로 설명합니다.

겉코 뜨는 법

1 브리지를 뜰 때의 실 거는 법을 참조하여 왼손에 실을 걸고, 오른손으로 셔틀을 잡고 새끼손가락을 실에 건다.

2 새끼손가락 쪽에서 바깥쪽으로 손목을 돌린다.

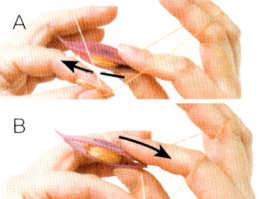

3 셔틀을 왼손 검지에서 중지에 걸쳐 있는 실 아래를 지나서(A), 실 위로 미끄러트려 되돌린다(B).

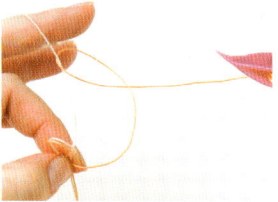

4 왼손의 실에 셔틀 실이 감긴 상태.

5 셔틀 실을 당기고, 왼손 중지에 걸린 실을 느슨하게 한다. 셔틀 실에 왼손의 실이 엮인 상태.

6 왼손 중지를 당겨서, 떠진 코를 매듭 옆으로 바짝 붙인다(A). 겉코가 떠진 모습(B).

안코 뜨는 법

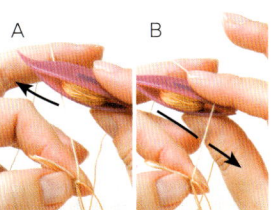

1 셔틀을 왼손 검지에서 중지에 걸쳐 있는 실 위를 지나서(A), 실의 아래로 미끄러트려 되돌린다(B).

2 왼손의 실에 셔틀 실이 감긴 상태.

3 셔틀 실을 당기고, 왼손 중지에 걸린 실을 느슨하게 한다. 셔틀 실에 왼손의 실이 엮인 상태.

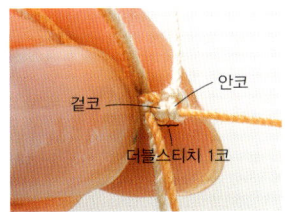

겉코     안코

더블스티치 1코

4 왼손 중지를 당겨서, 떠진 코를 겉코 옆으로 바짝 붙인다. 겉코와 안코를 합쳐 더블스티치 1코로 센다.

● 뜨개코 푸는 법

안코의 경우

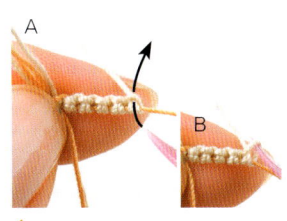

1 화살표의 코(A)에 셔틀의 뿔을 넣고, 조금씩 코를 느슨하게 한다(B).

2 느슨해진 코를 길게 늘인 원으로, 셔틀을 통과시켜 코를 푼다.

겉코의 경우

3 안코를 푼 상태.

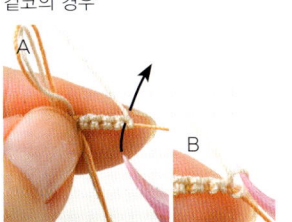

1 화살표의 코(A)에 셔틀의 뿔을 넣고, 조금씩 코를 느슨하게 한다(B).

2 느슨해진 코를 길게 늘인 원으로, 뒤에서 앞으로 셔틀을 통과시켜 코를 푼다.

3 겉코를 푼 상태.

링의 경우

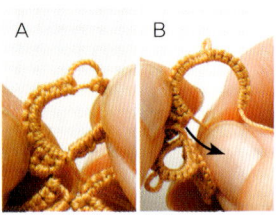

**1** 피코의 양쪽 옆을 손가락으로 잡고 좌우로 벌린다(A). 링의 뿌리를 손가락으로 잡고 좌우로 조금 벌리고, 밑의 심지실을 화살표 방향으로 당겨 링을 크게 늘인다(B).

**2** 링이 커진 상태. 끝코부터 뜨개코 푸는 법(7쪽 참조)을 참조하여 푼다.

● 뜨개 시작하는 법

임시 고정 클립을 사용한다.

셔틀의 실 끝과 볼실의 실 끝을 당겨 가지런히 모아 클립으로 고정하고, 6쪽 왼손의 실 거는 법 / 브리지를 뜰 때(사진 5)를 참조하여 뜨기 시작한다.

젬클립을 사용한다.

시작 위치에 젬클립을 끼우고, 6쪽 왼손의 실 거는 법 / 브리지를 뜰 때(사진 5)를 참조하여 뜨기 시작한다.

# *Point lesson*

## 89 피코 플라워

photo…p.44

모티브 뜨는 법

볼실과 셔틀을 준비하고, 뜨개 시작 위치에 젬클립을 끼운다. 6쪽을 참조하여 왼손에 실을 걸고, 셔틀의 실을 심지실로 하여 볼실로 뜬다.

● 피코 뜨는 법

1번째 단

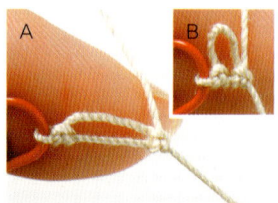

더블스티치를 1코 뜨고(A), 1.2cm(피코 길이의 2배) 간격을 두고 더블스티치(7쪽 참조)를 1코 뜨고, 앞 코의 옆으로 바짝 당긴다(B).

● 페이크 피코 만드는 법

1번째 단의 뜨개 끝

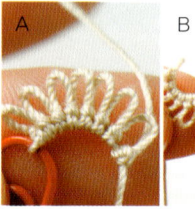

**1** 1번째 단을 뜨고(A), 뜨개 시작의 클립을 뺀다(B).

**2** 클립을 빼서 생긴 구멍에 레이스 바늘을 넣는다.

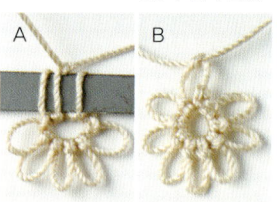

1번째 단의 완성

**6** 피코 길이의 자를 만들어, 양쪽 옆 피코에 끼워 묶으면 길이가 일정해진다(A). 셔틀 실과 볼실을 피코 길이에 맞춘 다음, 한쪽 실만 감아 매듭을 짓는다(B).

**3** 심지실(셔틀 쪽의 실)을 당겨 빼서 루프를 만든다.

**4** 루프에 셔틀을 통과시킨다.

**5** 셔틀 실을 당겨 루프를 조인다.

2번째 단

**1** 6쪽을 참조하여 왼손에 볼실 쪽의 실을 걸고, 브리지를 뜬다.

**2** 첫 브리지「더블스티치 2코, 피코, 더블스티치 1코, 피코, 더블스티치 2코」를 뜬다.

1번째 단의 피코를 비튼다.

**3** 2번째 단을 잡고, 1번째 단의 뜨개지를 1번 비튼다.

**4** 1번째 단의 첫 피코에 레이스 바늘을 넣고, 화살표와 같이 바늘을 1바퀴 반 회전시킨다.

8

● 셔틀 연결

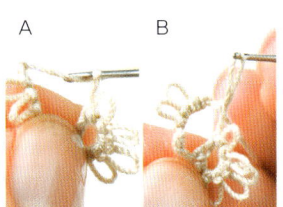

1 바늘 끝에 셔틀 실(심지실)을 걸고(A), 실을 당겨 빼서 루프를 만든다(B).

2 루프로 셔틀을 통과시킨다.

3 실을 조여, 셔틀 연결 완성.

2번째 단의 뜨개 끝

1 「브리지를 뜨고, 1번째 단의 피코를 비틀어 셔틀 연결」, 「」를 반복하여 한 바퀴를 뜬다.

2 화살표의 코에 셔틀의 뿔을 넣는다.

3 셔틀 연결을 해서, 2번째 단 완성. 3~9번째 단도 피코 길이를 바꾸어가며, 2번째 단과 같은 요령으로 뜬다.

● 실 끝의 마무리

모티브의 뜨개 끝

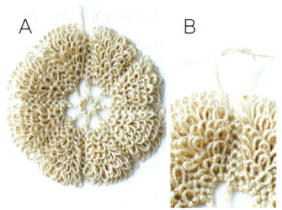

1 중심의 꽃 모티브를 뜬 모습(A). 뜨개 끝의 실 끝자락을 1번 묶는다(B).

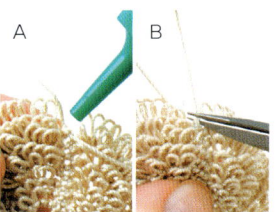

2 접착제를 매듭에 바른다(A). 다시 1번 묶는다. 접착제가 마르면 실 끝을 바짝 자른다(B).

둘레의 나비 뜨는 법

● 링 뜨는 법

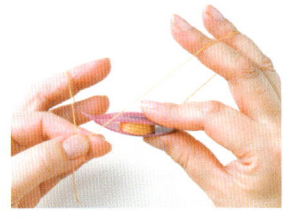

1 6쪽(링을 뜰 때)을 참조하여 왼손에 실을 걸고 셔틀을 잡는다.

왼손의 실을 느슨하게 하는 법

2 더블스티치를 10코 뜬다. 왼손에 감고 있는 실이 조일 때는 왼손 약지를 실에 걸고, 실을 누르듯이 하여 뺀다.

셔틀 실 푸는 법

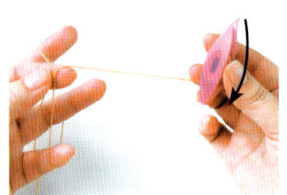

3 셔틀을 실의 감긴 방향과 반대로 회전시켜 실을 길게 뺀다.

4 사진 2에 이어서 피코, 더블스티치 8코, 피코, 더블스티치 3코를 뜬다.

5 뜨개기를 손에서 빼고, 심지실을 당겨 링을 만든다.

6 손가락으로 코를 조절하고, 셔틀 실을 당겨 링의 모양을 정돈한다. 첫 번째 링 완성.

● 링을 이어서 뜨는 포인트

2번째 링을 뜨기 시작할 때는 1번째 링을 왼손으로 잡고, 링에 겹치게 셔틀 실을 건네서 뜨기 시작한다.

● 피코 연결

1 2번째 링의 더블스티치 3코를 뜬다.

9

**2** 연결할 피코에서, 셔틀의 뿔로 뜨는 실을 당겨 빼서 루프를 만든다.

**3** 루프에 셔틀을 통과시킨다.

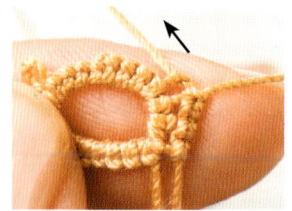

**4** 화살표 방향으로 실을 당겨 조이면, 피코 연결 완성.

나비의 뜨개 끝

**5** 기호도안을 참조하여 링으로 날개를 뜨고, 피코 연결로 잇는다.

● 브리지 뜨는 법

**1** 나비 모티브를 뒤집어서 잡고, 나비의 뜨개 끝과 볼실의 실 끝을 가지런히 모아 왼손 엄지와 검지로 누른다.

**2** 6쪽을 참조하여 왼손에 실을 걸고, 볼실로 더블스티치 6코, 피코, 더블스티치 7코를 뜬다.

**3** 피코 연결로 모티브에 연결하고, 더블스티치 7코, 피코, 더블스티치 6코를 뜬다.

● 링 뜨는 법과 나비 모티브 연결하는 법

**1** 뜨개지를 뒤집어 바로 잡는다.

**2** 뜨고 있던 볼실을 쉬어 두고, 셔틀실로 링을 뜨고 나비 모티브를 뜬다.

**3** 더블스티치 10코를 떴으면, 1번째 나비 모티브에 피코 연결로 잇는다.

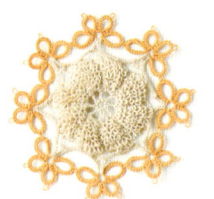

**4** 「링을 뜨고, 나비 모티브, 브리지」를 반복하여 한 바퀴 뜨고, 뜨개 끝은 9쪽을 참조하여 실 끝을 묶어서 접착제로 고정한다.

## 80 링 응용

photo…p.41

● 원형으로 뜰 때의 마지막 피코 연결

**1** 기호도안을 참조하여 중심 꽃의 마지막 피코 연결까지 뜬다.

**2** 1의 화살표를 참조하여, 뜨개지를 뒤집어서 왼손에 건다.

**3** 연결할 피코의 앞에서, 셔틀의 뿔로 뜨는 실을 당겨 빼서 셔틀 연결을 한다.

**4** 이어서 더블스티치 5코를 뜨고, 링을 조인다.

**5** 피코가 틀어지지 않고 연결된다.

## 비즈 넣고 뜨는 법

● 뜨는 실에 비즈를 꿴다.

1 비즈 바늘에 50번 코튼사를 꿰어 0cm 정도 2겹으로 만든 다음, 매듭을 짓는다.

2 매듭을 비켜서, 뜨는 실을 원으로 통과시킨다.

3 바늘 끝으로 비즈를 줍는다.

4 비즈를 코튼사에서 뜨는 실로 옮긴다.

## 65 ○△□ 체인

photo…p.36

● 브리지의 심지실에 넣고 뜬다.

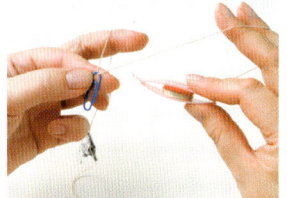 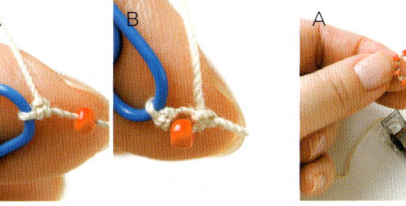 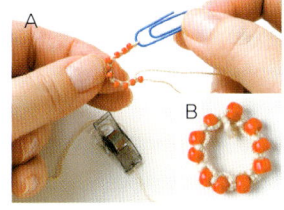 

1 셔틀에 비즈를 감아 두고, 젬클립을 사용하여 뜨기 시작한다. ※왼손의 실 끝에 클립을 끼워 추처럼 사용하면 뜨기 쉽다.

2 더블스티치 1코를 뜨고, 비즈를 더블스티치 코의 옆으로 보낸다(A). 이어서 더블스티치 1코를 뜬다(B).

3 2의 「비즈를 보내고 더블스티치 1코」를 반복하여 비즈를 10개 넣고 뜬다(A). 뜨개 끝은 클립을 빼서 생긴 구멍에 실을 꿰어서 묶는다(B).

## 41 피코 플라워

photo…p.24

● 세로로 진행하는 방법에서 건네는 실에 넣고 뜨기

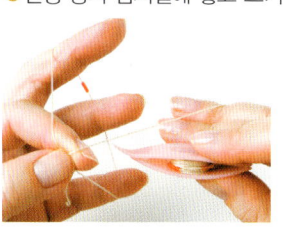

1 셔틀에 비즈를 감고, 링을 뜬다.

## 29 체인 응용

photo…p.17

● 변형 링의 심지실에 넣고 뜨기

 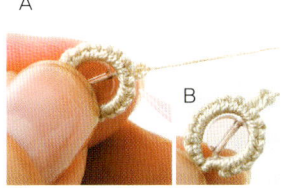 

2 비즈를 링의 뿌리 쪽으로 보낸다.

3 비즈가 끼워진 실을 뒤에서 링 중심에 대고, 셔틀 연결로 링의 피코에 연결한다(A). 비즈를 넣고 뜬 모습(B).

4 간격을 두어 링을 뜨고, 2~3을 반복하여 비즈를 넣는다.

## 85 링 응용

photo…p.41

● 피코에 넣고 뜨기

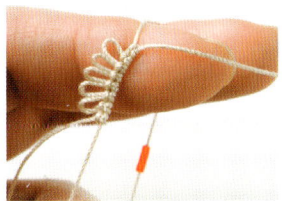  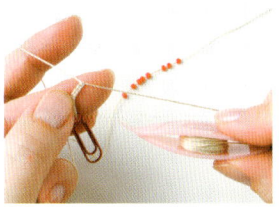 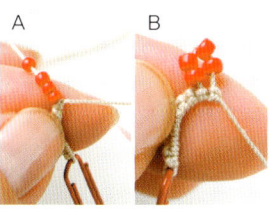

2 기호도안의 콧수와 피코를 뜨고, 손에서 링을 뺀다.

3 셔틀 실을 당긴다. 비즈가 1개 링에 떠 넣어진다.

1 볼실 쪽에 비즈를 보내어 두고, 기호도안의 더블스티치 9코를 뜬다.

2 피코의 뜨는 실로 비즈를 보내고 (A), 더블스티치를 뜬다(B).

## 58 동글동글 모티브

photo…p.33

a      b

1 링을 2개 뜬다.

a(뒤)

2 a링의 뒤를 보고, 셔틀의 뿔로 뜨개 시작 위치의 실을 당겨 빼서 루프를 만든다.

a(뒤)

3 루프에 셔틀을 통과시켜 실을 당긴다.

4 6쪽을 참조하여 왼손에 실을 걸고 브리지를 뜬다.

5 브리지를 뜬 모습.

6 b링의 뒤를 보고, 기호도안의 위치에 이중 연결로 연결한다.

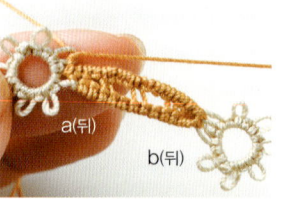

a(뒤)     b(뒤)

7 브리지를 뜨고, a링의 피코에 셔틀 연결로 연결한다.

8 기호도안에 따라 a링에는 셔틀 연결, b링에는 이중 연결로 이으면서 브리지를 뜨고, 뜨개 끝은 첫 피코에 실 끝을 통과시켜서 묶는다.

## 97 코르사주

photo…p.33

1 1번째 단을 뜨고, 셔틀의 뿔로 첫 피코에서 뜨는 실을 당겨 빼서 루프를 만들고, 셔틀을 통과시킨다.

브리지 실 연결하는 법

2 루프에 브리지 실을 통과시키고, 셔틀 실을 당겨 조인다. 사진은 셔틀 연결에 브리지의 뜨는 실이 꿰어진 상태.

꽃잎 뜨는 법

3 링을 뜬다.

4 뜨개를 뒤집어 브리지를 뜨고, 1번째 단의 앞을 보고 피코에 셔틀 연결로 잇는다.

## ●작품 마무리하는 법

꽃의 뒷손질하는 법

1 꽃잎의 뒷면을 위로 해서 모양을 정돈하고, 다리미판 등에 시침핀으로 고정하여 스프레이 풀을 뿌린다. ※풀이 묻는 것이 신경 쓰일 때는 사이에 트레이싱페이퍼를 끼워 시침핀을 꽂는다.

2 스팀을 분사하듯이 다림질을 하고, 마르고 나면 시침핀을 뺀다.

잎의 뒷손질하는 법

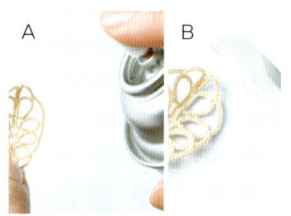

A      B

1 잎의 앞면에 스프레이 풀을 뿌리고(A), 스팀을 분사하듯이 다림질을 한다(B).

2 덜 마른 상태에서 손가락으로 모양을 잡아 잎의 부피감을 살린다.

## 84 링 응용

photo…p.41

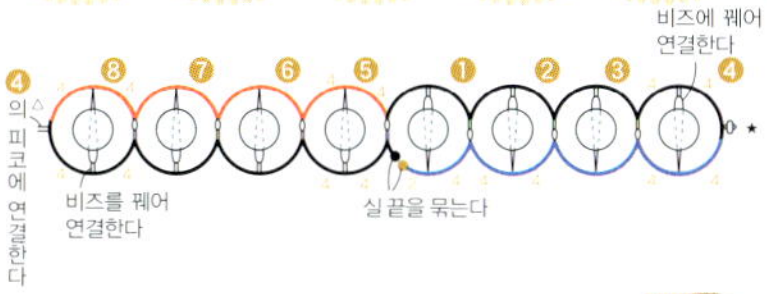


### ●롱 피코 뜨는 법

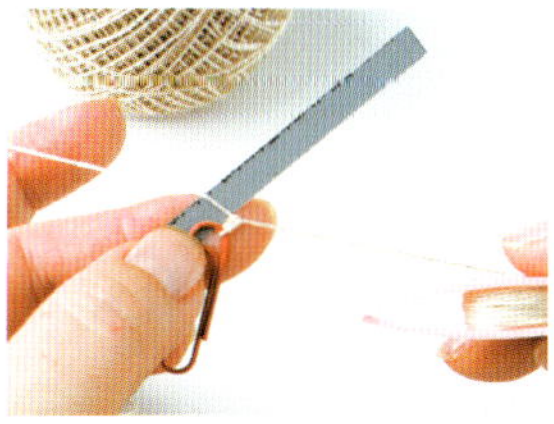

1 젬클립을 사용하여 뜨개를 시작하고, 롱 피코 위치까지 떴으면 자를 엄지와 검지로 잡고, 자의 아래부터 셔틀을 통과시켜 피코를 뜬다. *자는 카드(전화카드 등)를 잘라 만든다.

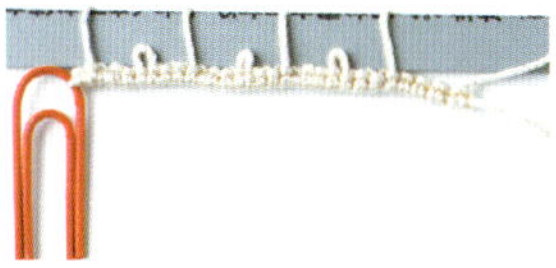

2 –선 부분을 뜬다.

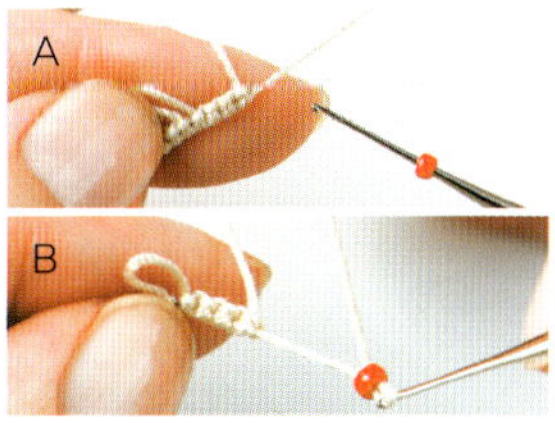


3 ★표시 위치에서 비즈를 뀄다. 코바늘에 비즈를 끼우고(A), 심지실을 바늘 끝에 걸어서 뺀다(B).

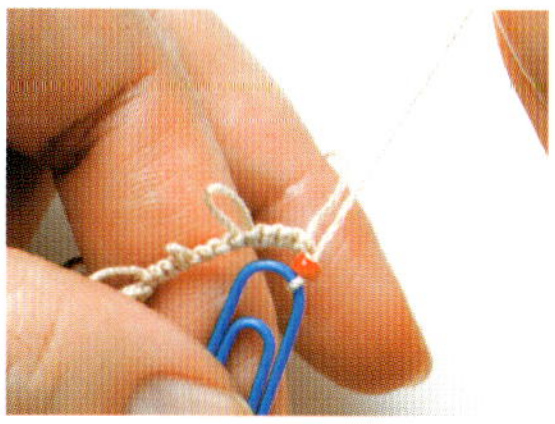

4 레이스 바늘을 빼고, 그 구멍에 클립을 끼운다.

### ●비즈 넣고 뜨는 법

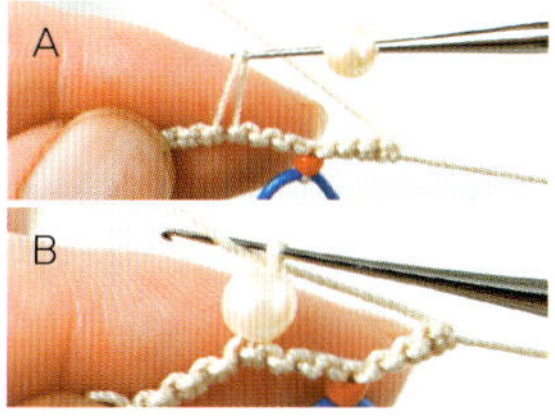


1 –선 부분의 더블스티치 4코를 떴으면, 레이스 바늘에 비즈를 끼우고(A), 피코에 바늘 끝을 넣는다(B).

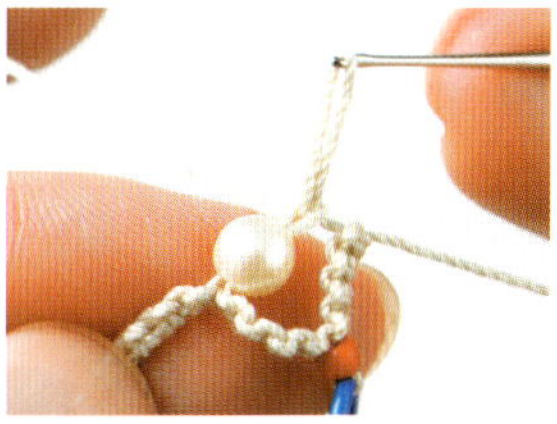

2 뜨는 실을 바늘 끝에 걸고 당겨 빼서, 루프를 만든다.

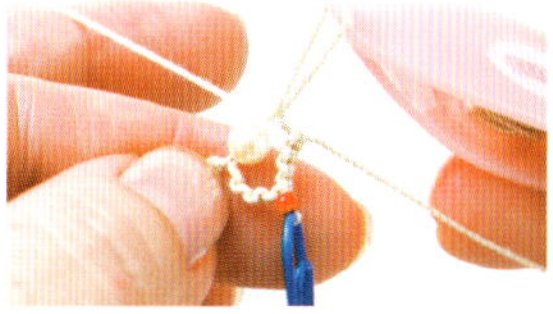

3 루프에 셔틀을 통과시킨다.

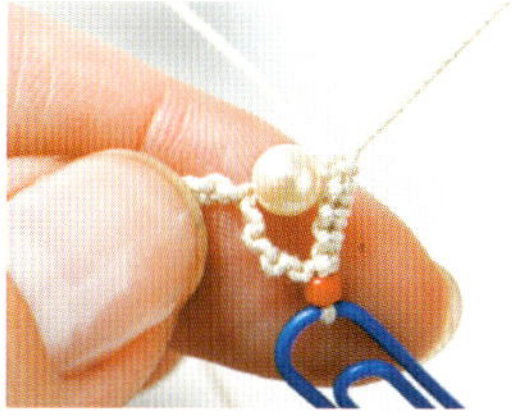

4 셔틀 실을 당겨 조인다.

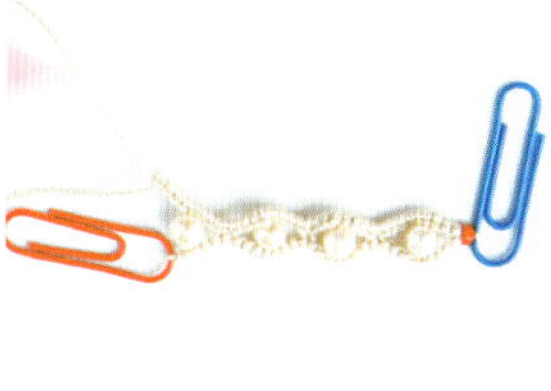

5 1~4를 참조하여 비즈를 넣고 뜨면서 ☆표시 위치까지 뜬다.

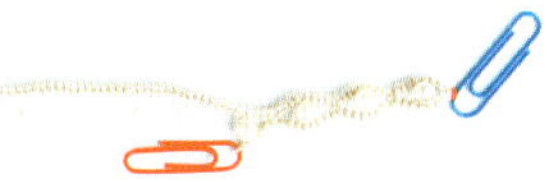

6 기호도안에 따라 –선 부분을 뜬다.

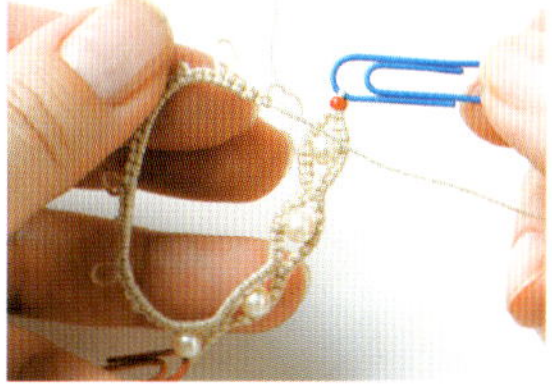

7 –선 부분의 뜨개 끝과 ★표시 위치를 맞대어 원으로 만든다.

★과 △를 연결한다.

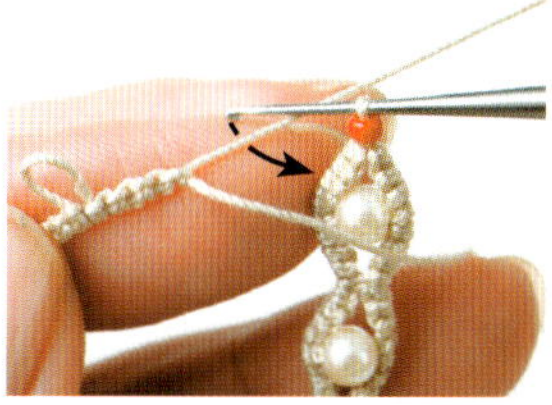

8 클립을 빼고, 그 구멍에 레이스 바늘을 넣는다.

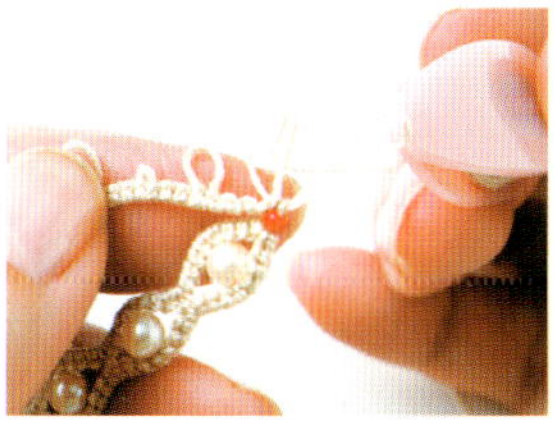

9 8의 화살표를 따라, 뜨는 실을 바늘 끝에 걸어 빼서 루프를 만들고, 셔틀을 통과시킨다.

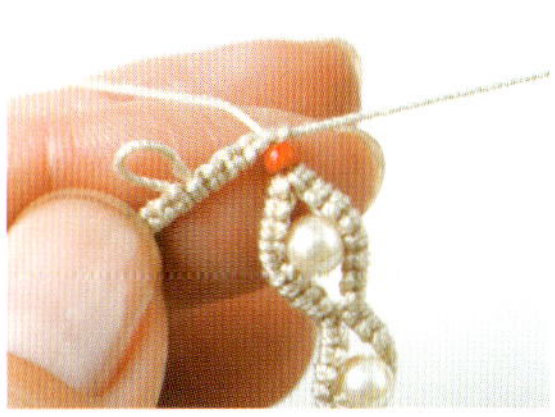

10 실을 당겨 조인다.

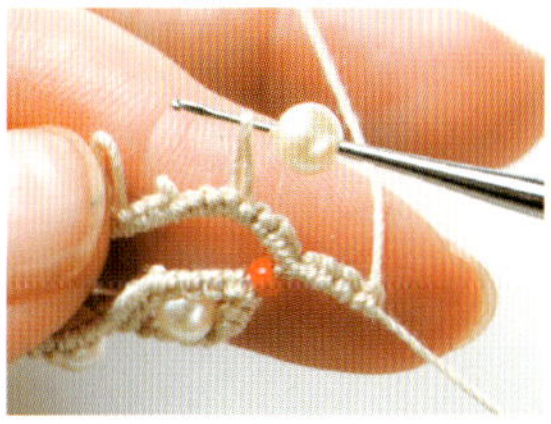

11 비즈 넣고 뜨는 법(1~4) 부분을 참조하여 비즈를 넣고 뜨면서, 뜨개 시작 위치까지 뜬다.

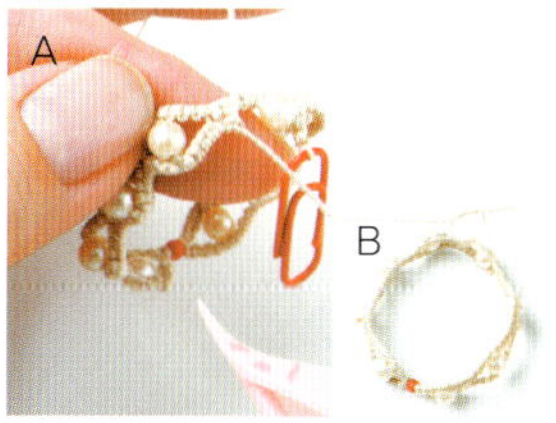


12 뜨개 끝은 뜨개 시작의 클립을 빼고(A), 그 구멍에 실 끝을 통과시켜서 묶는다(B).

# 입체 모티브

O, △, □···
입체로 뜬 작은 기하학 모티브들. 비즈로 변화를 준 아름다운 작품도 소개합니다.

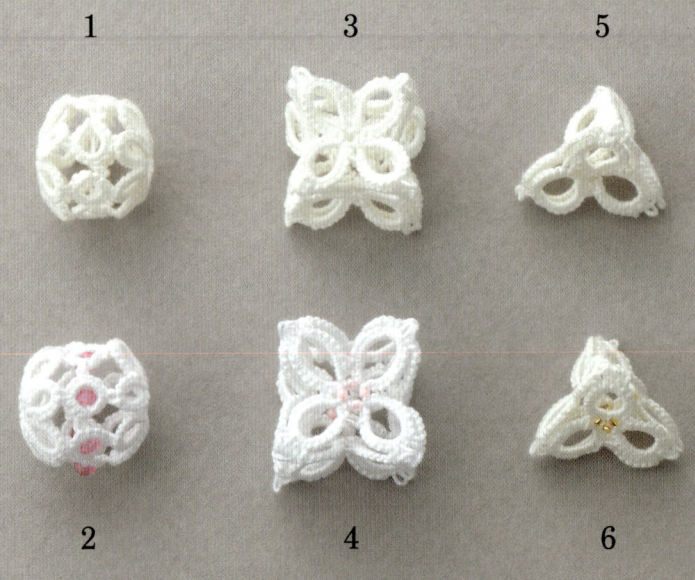

Knitting to p.62

☆과 ♡ 등, 소녀 감성을 자극하는 귀여운 모티브들의 섬세한 무늬에 황홀해집니다.

Knitting to p.63

# 체인 응용

## Light Gold

라메실로 뜬 화려한 체인은 목걸이나 팔찌로 활용하면 좋습니다.
한 가지 무늬가 반복되므로 용도에 맞춰 길이를 조절하기도 간단합니다.

15

16

17

18

19

20

21

22

23

24

Knitting to 15~22···p. 18, 23 · 24···p. 19

## Light Silver

한 가지 무늬는 물론, 여러 가지 무늬를 조합하여 나만의 액세서리를 만들어 보면 어떨까요?

25

26

27

28

29

30

31

32

Knitting to p. 19
Point lesson p. 11(29)

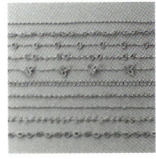

## 15·16·17·18·19·20·21·22 체인 응용

photo…p.16

비즈는 셔틀 쪽에 꿴다.

0.2 cm
비즈
15
0.7cm

비즈
21
0.4cm
4
4
세로로 진행하는 방법(11쪽 참조)
0.6cm

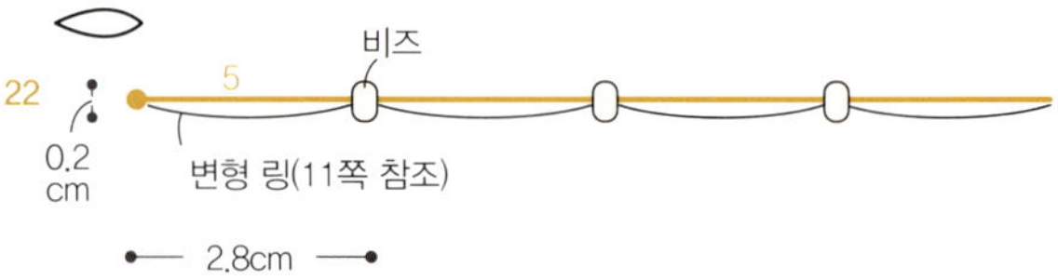

비즈
22
5
변형 링(11쪽 참조)
0.2 cm
2.8cm

※ 모티브 연결
①  ②  ③  ④  ⑤  ⑥
16
0.6cm
20  20
묶어서 실을 마무리한다.
1.8cm
다음 모티브를 뜰 때는 왼손에 거는 실에 앞의 모티브를 꿰어 둔다.

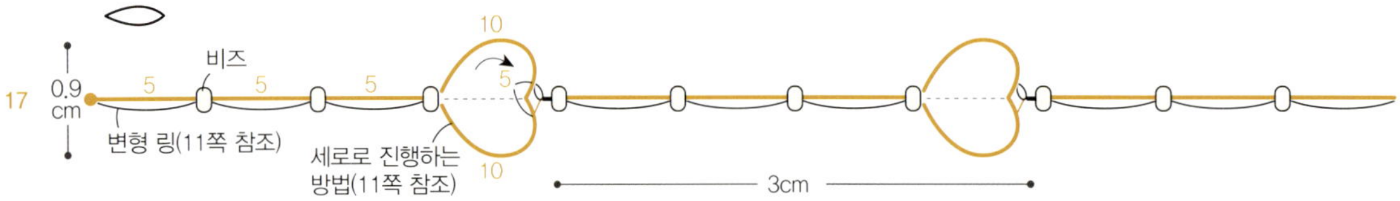

비즈
17
0.9 cm
5  5
변형 링(11쪽 참조)
10
5
10
세로로 진행하는 방법(11쪽 참조)
3cm

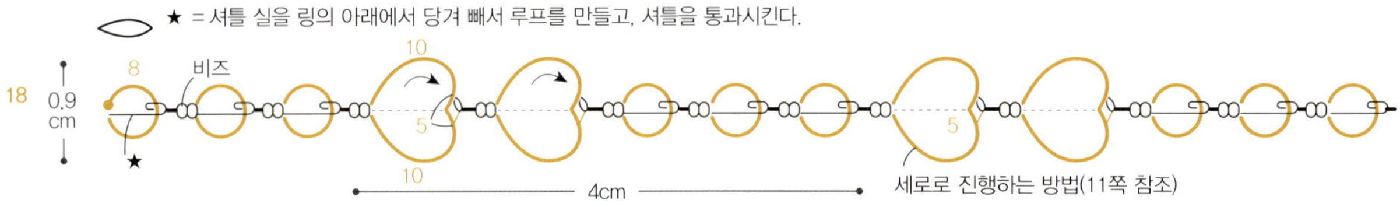

★ = 셔틀 실을 링의 아래에서 당겨 빼서 루프를 만들고, 셔틀을 통과시킨다.

비즈
18
0.9 cm
8
★
10
10
5
5
4cm
세로로 진행하는 방법(11쪽 참조)

비즈
19
1.5 cm
5
변형 링(11쪽 참조)
0.8cm
세로로 진행하는 방법(11쪽 참조)

0.8cm의 롱 피코
1.5 cm
7  7
3  3
2  2
4  4
3  3
0.2 cm
1.5cm

비즈 a
비즈 a는 피코에 넣고 뜬다(11쪽 참조).
20
0.7 cm
3  3
2
비즈 b
비즈 b는 건네는 실에 넣고 뜬다(11쪽 참조).
0.5cm

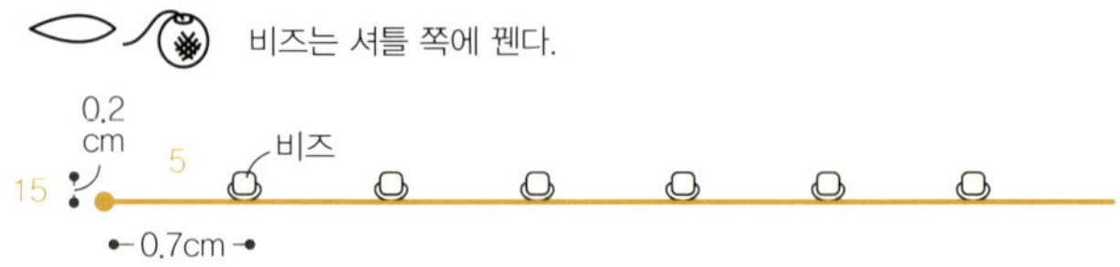

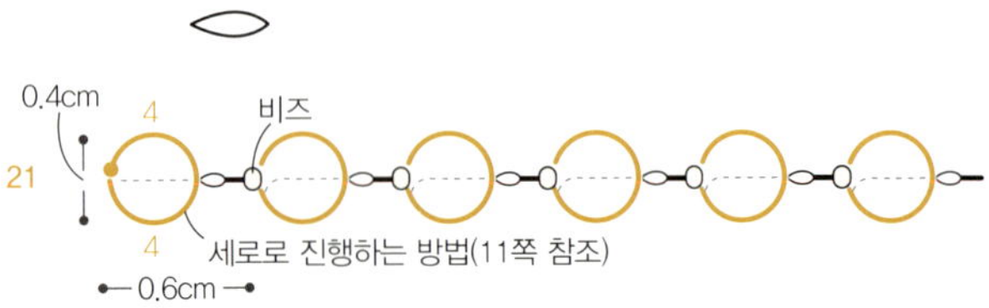

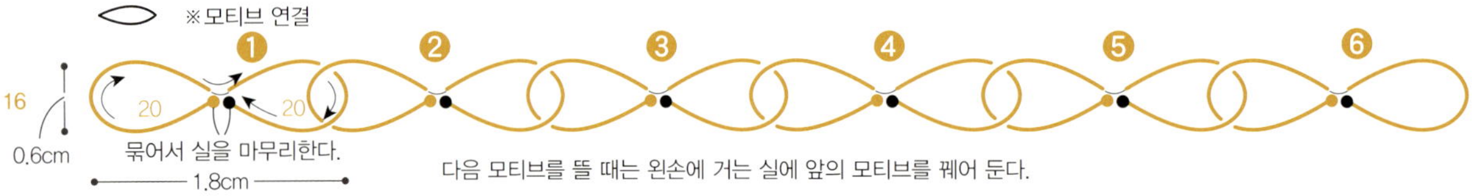

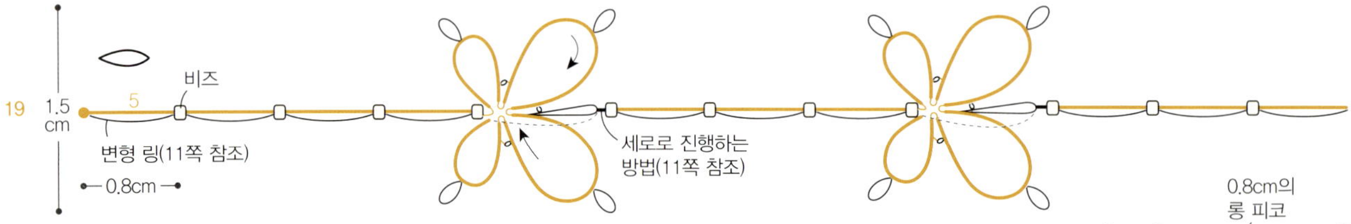

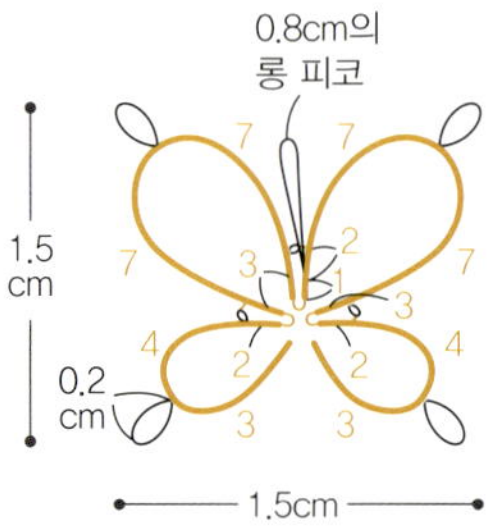

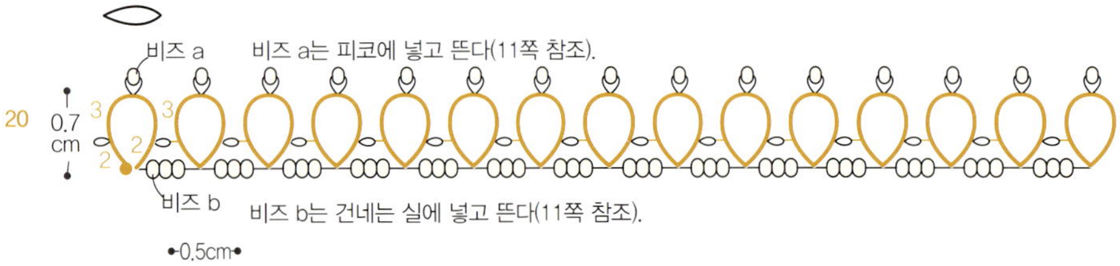

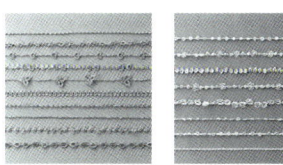

# 21·22·23·24·25·26·27·28·29·30·31·32 체인 응용

21〜24…photo .p16
25〜32…photo p.17

준비물

23 : Diamant 라이트골드(D3821)…조금, 시드비즈(1.5mm) 넌분홍…117개
24 : Diamant 라이트골드(D3821)…조금, 시드비즈(1.5mm) 핑크…75개, 아크릴 커팅비즈(3mm) 핑크…19개
25 : Diamant 라이트실버(D168)…조금, 시드비즈(1.5mm) 골드…87개
26 : Diamant 라이트실버(D168)…조금, 시드비즈(2.0mm) 골드…38개
27 : Diamant 라이트실버(D168)…조금, 시드비즈(1.5mm) 골드…84개
28 : Diamant 라이트실버(D168)…조금, 시드비즈(2.0mm) 골드…78개
29 : Diamant 라이트실버(D168)…조금, 막대비즈(6mm) 블루…29개
30 : Diamant 라이트실버(D168)…조금, 시드비즈(1.5mm) 파란색…58개
31 : Diamant 라이트실버(D168)…조금, 막대비즈(2mm) 하늘색…52개
32 : Diamant 라이트실버(D168)…조금, 시드비즈(1.5mm) 블루…39개

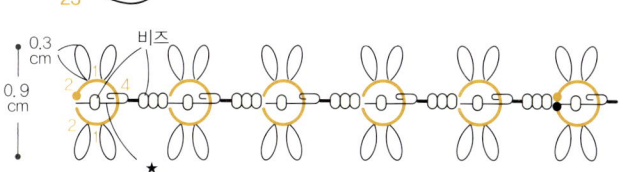

**23**

★=셔틀 실을 링의 아래에서 당겨 빼서 루프를 만들고, 셔틀을 통과시킨다.

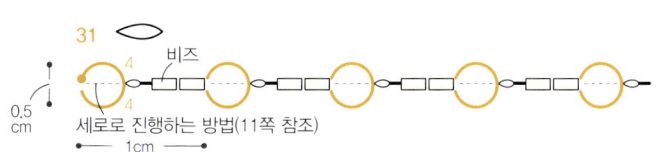

**31**

세로로 진행하는 방법(11쪽 참조)

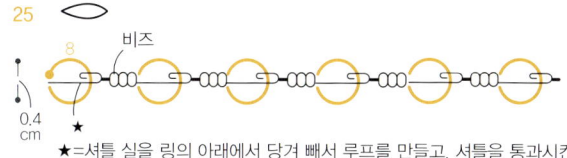

**25**

★=셔틀 실을 링의 아래에서 당겨 빼서 루프를 만들고, 셔틀을 통과시킨다.

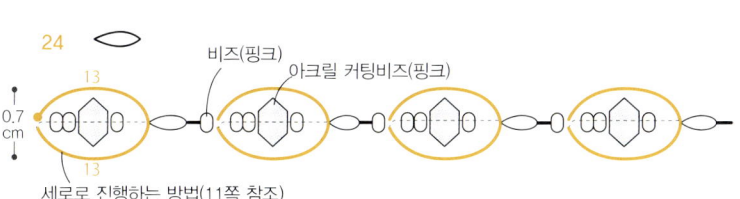

**24**

세로로 진행하는 방법(11쪽 참조)

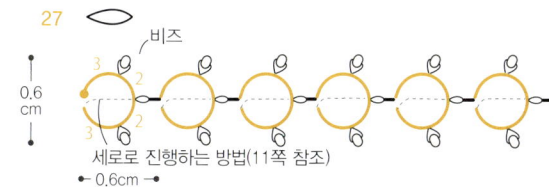

**27**

세로로 진행하는 방법(11쪽 참조)

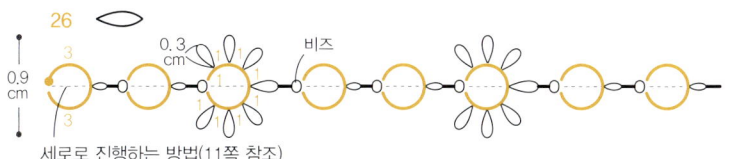

**26**

세로로 진행하는 방법(11쪽 참조)

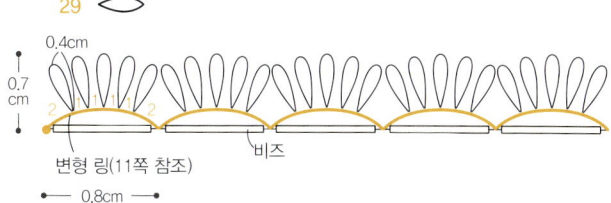

**29**

변형 링(11쪽 참조)

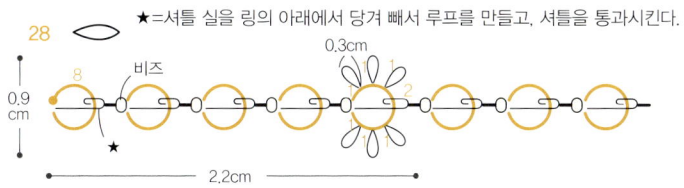

★=셔틀 실을 링의 아래에서 당겨 빼서 루프를 만들고, 셔틀을 통과시킨다.

**28**

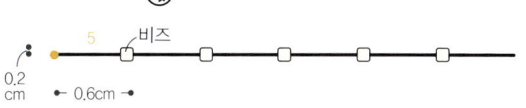

**32**    비즈는 셔틀 폭에 낀디.

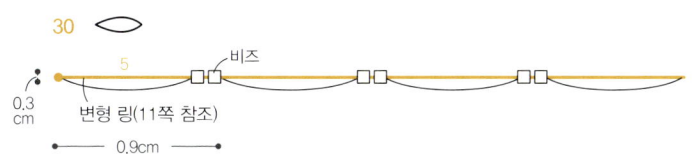

**30**

변형 링(11쪽 참조)

19

## 입체 모티브 & 체인

### 팔찌 & 목걸이

공 모양 모티브를 끼운 2줄 팔찌와
심플한 체인 목걸이.

33 팔찌…p.14 모티브 〈2〉
+p.16 체인 〈22〉
34 목걸이…p.16 체인 〈16〉

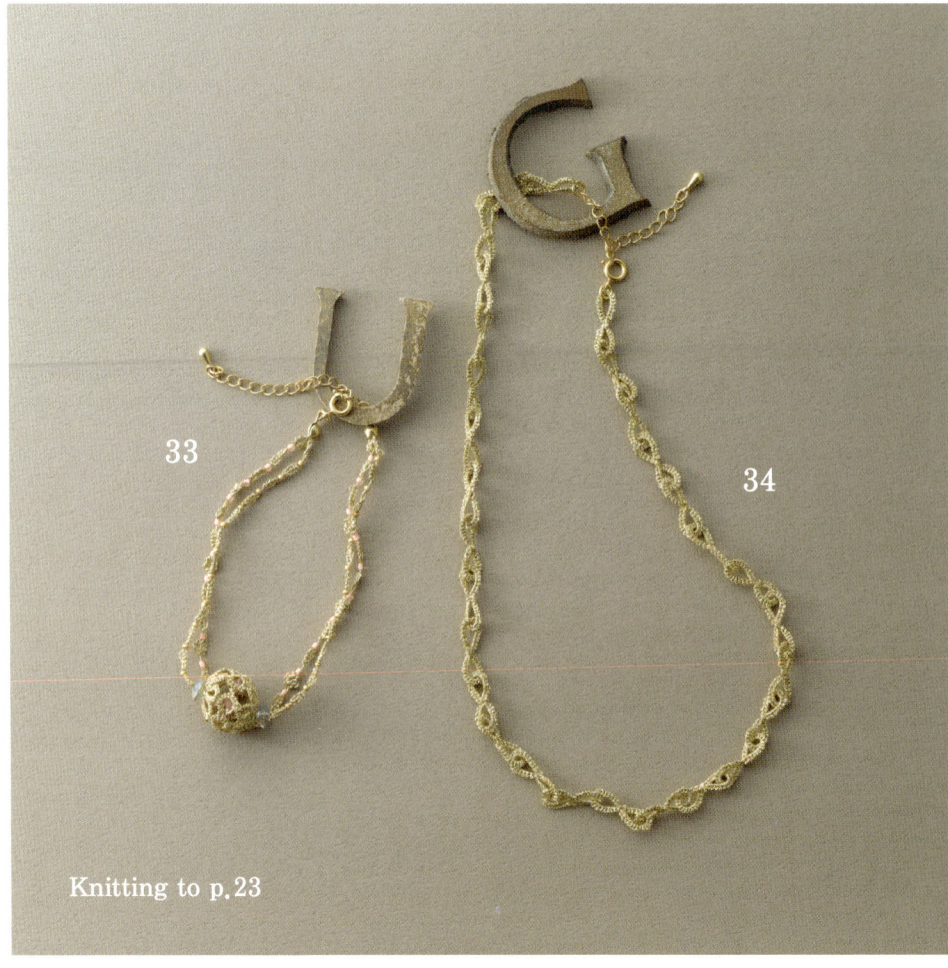

Knitting to p.23

### 귀걸이 & 팔찌

꽃 모티브를 넣은 봄 컬러의
귀여운 세트.

35 귀걸이…p.15 모티브 〈9〉
36 팔찌…p.15 모티브 〈9〉
+p.16 체인 〈22〉

Knitting to p.23

38
37
Knitting to p.55

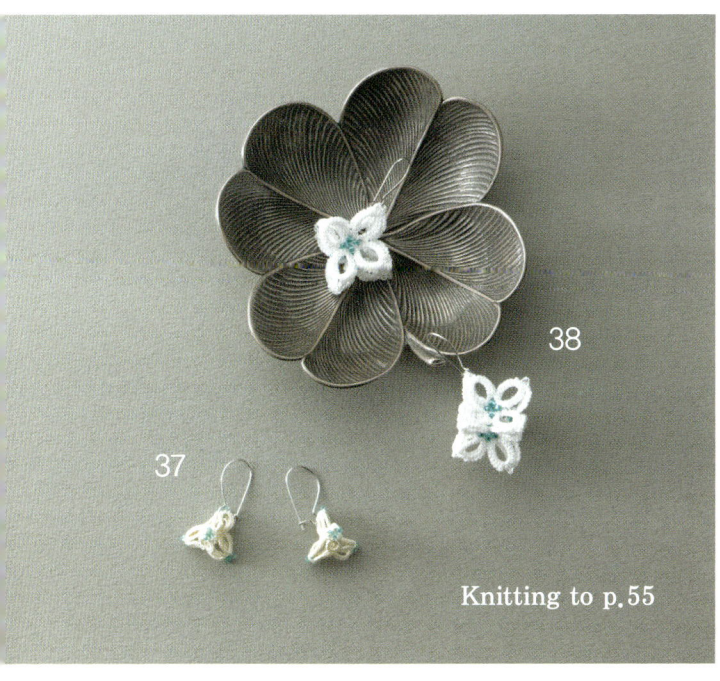

## 귀걸이

실의 굵기와 색상을 바꾸어
많이 만들어 보세요.

37…p.14 〈6〉
38…p.14 〈4〉

## 팔찌 & 목걸이 참

마음에 드는 체인을 팔찌로.
좋아하는 하트 모티브는 목걸이
참 장식으로 해서 포인트를 주세요.

39 팔찌…p.16 〈21〉
p.17 〈25〉 + 〈30〉
40 목걸이 참…p.15 〈14〉

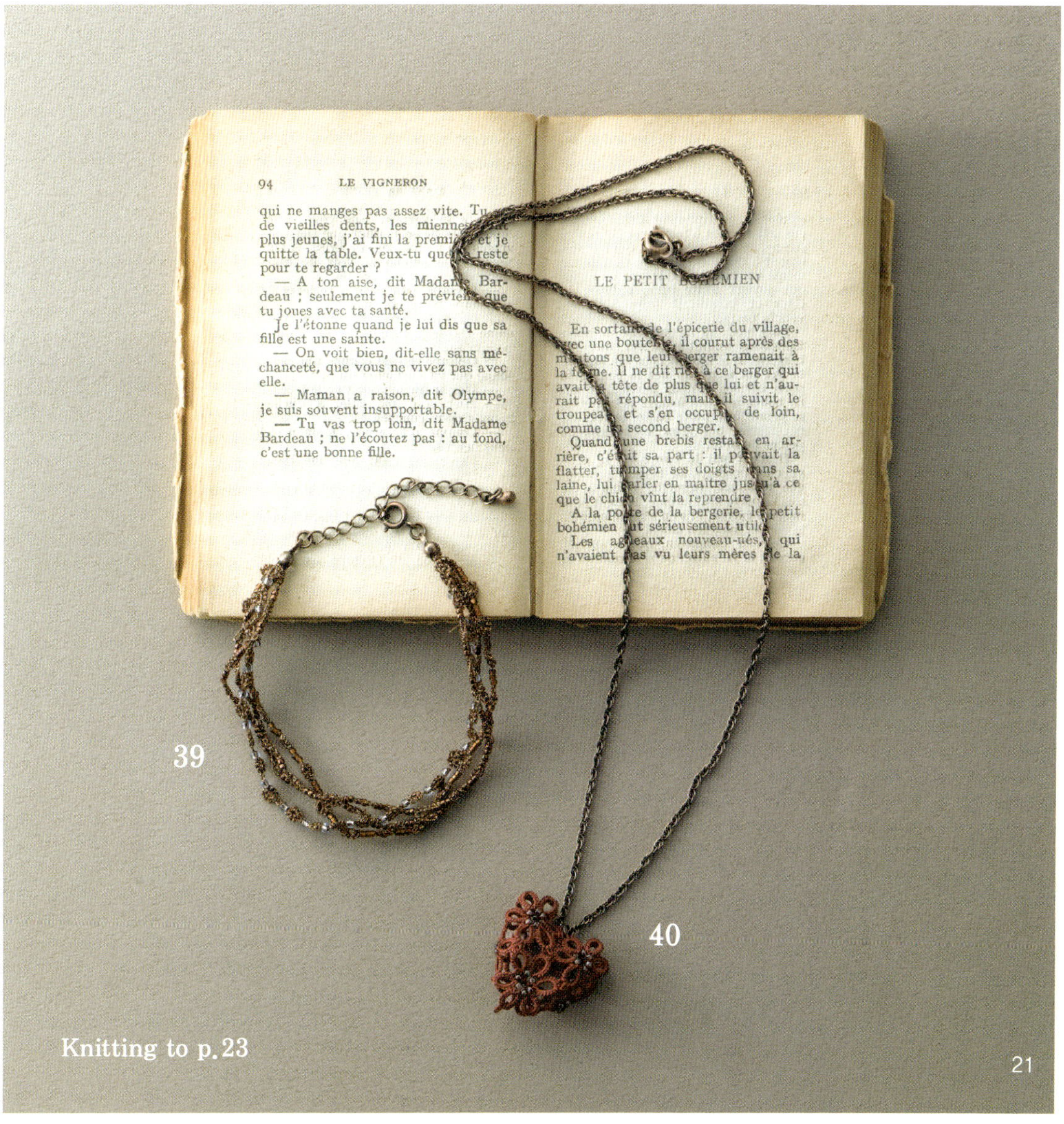
39
40
Knitting to p.23

## 96 코르사주

photo…p.48
※틸 뜨는 법은 55쪽 참조.

준비물
CÉBÉLIA 30번 연지색(816)…2g, 노란색(745)·미색(3865)…조금
기타 : 브로치 핀(실버)…1개

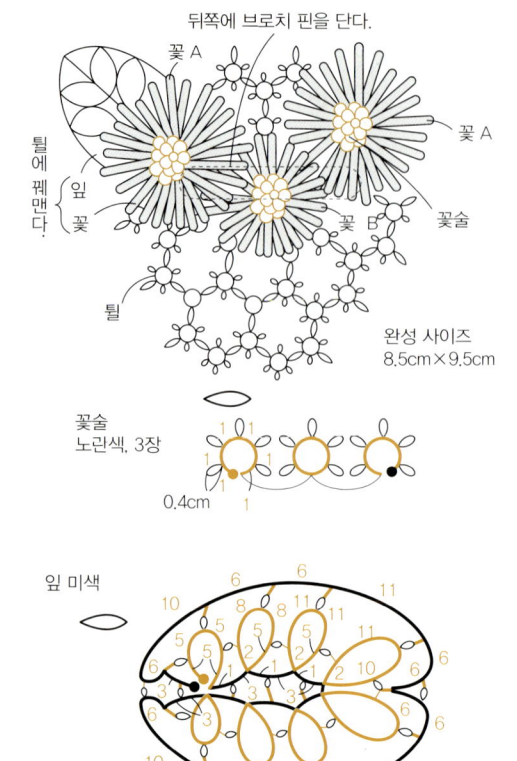

뒤쪽에 브로치 핀을 단다.

꽃 A

꽃 A

틸에 꿰맨다.

틸에 꿰맨다

잎꽃

꽃술

꽃 B

틸

완성 사이즈
8.5cm×9.5cm

꽃술
노란색, 3장

0.4cm

잎 미색

4 cm

※꽃 A, B는 꽃잎 a의 위에 b를 겹쳐서 중심에 꽃술을 단다.

꽃 A  꽃잎 a·b, 각 2장

(745)
(816)

※꽃잎 b는 ╫ 의 브리지를 뜨지 않는다.

꽃 B  꽃잎 a·b 각 1장

(745)
(816)

= 노란색
= 와인색

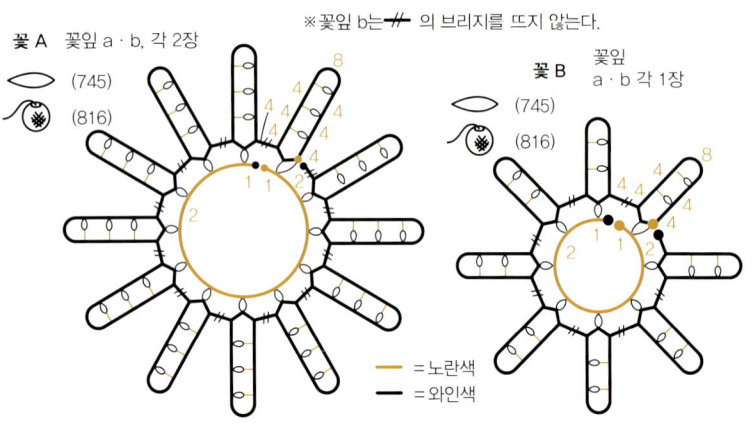

---

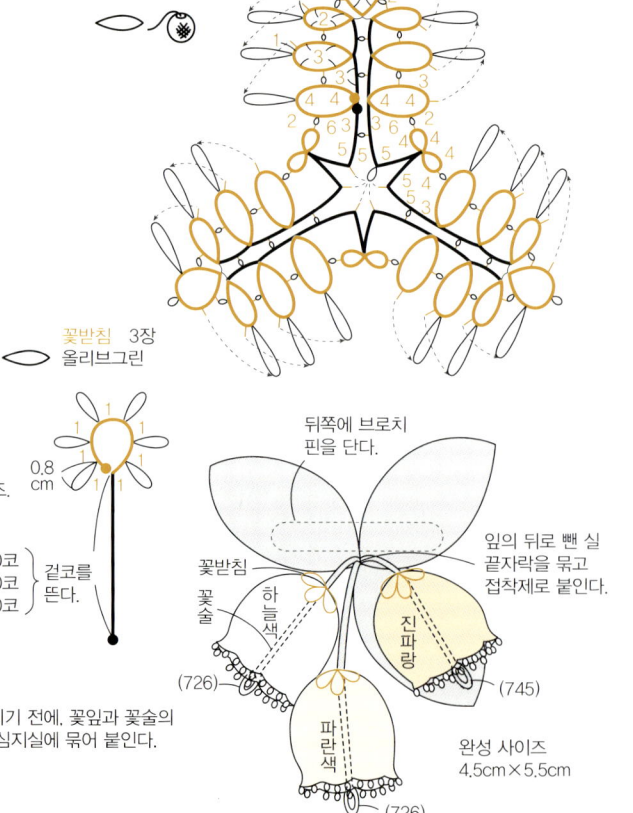

## 99 코르사주

photo…p.49
※틸 뜨는 법은 55쪽 참조.

준비물
CÉBÉLIA 30번 진파랑(797)·파란색(799)·하늘색(800)·올리브그린
(3364)·진노랑(726)·노란색(745)…조금
기타 : 브로치 핀(실버) 1개

잎  올리브그린

꽃받침  3장
올리브그린

뒤쪽에 브로치
핀을 단다.

잎의 뒤로 뺀 실
끝자락을 묶고
접착제로 붙인다.

꽃받침
꽃술

하늘색

진파랑

(745)

파란색

(726)

완성 사이즈
4.5cm×5.5cm

꽃잎  진파랑·파란색·하늘색, 각 1개

d

★에 연결한다.

꽃술
진노랑(726), 2장
노란색(745), 1장
뜨는 법은 51쪽 101참조.

0.8
cm

하늘색…30코
파란색…60코
진파랑…30코

겉코를
뜬다.

※링을 조이기 전에, 꽃잎과 꽃술의
실 끝을 심지실에 묶어 붙인다.

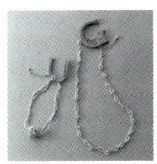

33 팔찌, 34 목걸이, 35 귀걸이, 36 팔찌,
39 팔찌, 40 목걸이 참

photo…p.20,21

준비물

33 팔찌 : Diamant 라이트골드(D3821)…조금
〈체인 A〉 시드비즈(2.0mm) 핑크…24개 〈체인 B〉 체인 : 시드비즈(1.5mm) 골드…22개
장식 볼 : 글라스 커팅비즈(3mm) 핑크…7개, 글라스비즈(6.5×6.5mm)
메탈릭투명…2개
기타 : 길이 조절 체인(무광택 골드)…1세트
34 목걸이 : Diamant 라이트골드(D3821)…조금
기타 : 길이 조절 체인(무광택 골드)…1세트
35 귀걸이 : SPECIAL DENTELLES 80번 로즈핑크(601)…조금
기타 : 귀걸이 후크(골드)…1세트
36 팔찌 : Diamant 핑크(D316), SPECIAL DENTELLES 80번 로즈핑크(601)…조금, 시드비즈(1.5mm) 투명연분홍…75개
기타 : 게고리(골드)…1세트
39 팔찌 : Diamant 브론즈(D898)…조금
〈체인 A〉 시드비즈(2.0mm) 투명블루…23개
〈체인 B〉 시드비즈(1.5mm) 브론즈…57개
〈체인 C〉 2줄 : 시드비즈(1.5mm) 브론즈…각 38개
기타 : 길이 조절 체인(앤틱브론즈)…1세트
40 목걸이 참 : BABYLO 30번 와인색(815)…조금, 시드비즈(1.5mm) 와인색…44개
기타 : 로프체인(앤틱브론즈)…1줄

만드는 법 포인트

〈33 팔찌〉
모티브는 62쪽 2를 참조하여 1개 뜬다.
체인 B는 16쪽 22를 참조하여 26무늬를
뜬다.
비즈는 그림의 순서대로 셔틀 쪽의 뜨는
실에 꿰어, 셔틀에 감아 둔다.
〈34 목걸이〉
18쪽 16을 참조하여 29무늬를 이으면서
뜬다.
〈35 귀걸이〉
모티브는 15쪽 9를 참조하여 뜬다.
〈36 팔찌〉
체인은 18쪽 22를 참조하여 24무늬를 3
줄 뜨고, 모티브는 63쪽 9를 참조하여
뜬다.
〈40 팔찌〉
체인 A는 18쪽 21을 24무늬, 체인 B는
19쪽 25를 19무늬, 체인 C는 19쪽 30
을 20무늬 참조하여 뜬다.

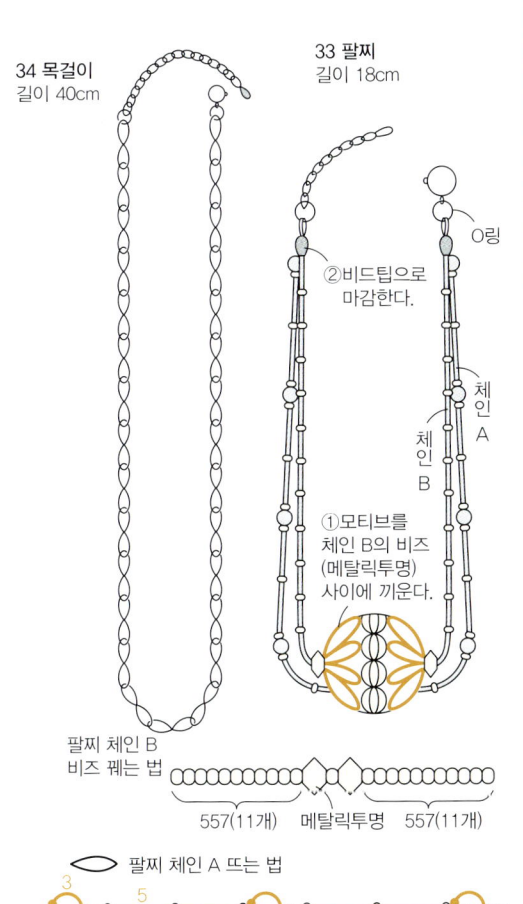

34 목걸이
길이 40cm

33 팔찌
길이 18cm

O링

②비드팁으로
마감한다.

체인
A

체인
B

①모티브를
체인 B의 비즈
(메탈릭투명)
사이에 끼운다.

팔찌 체인 B
비즈 꿰는 법

557(11개)   메탈릭투명   557(11개)

팔찌 체인 A 뜨는 법

3
5
3
비즈(핑크)

2.2cm = 1무늬
0.6cm
8번 반복

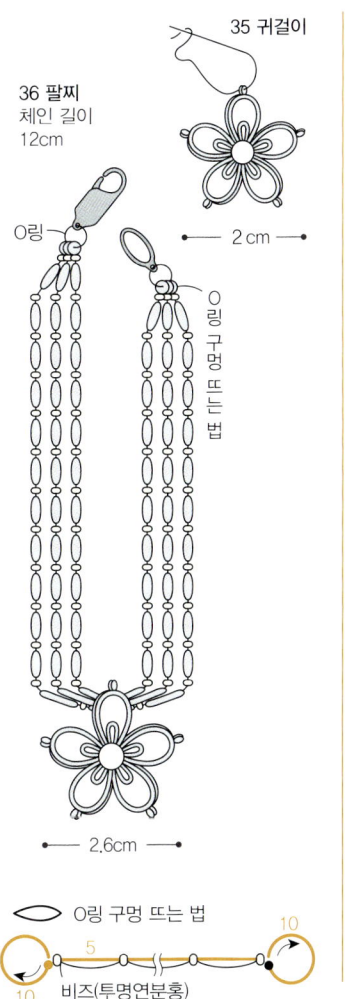

35 귀걸이

36 팔찌
체인 길이
12cm

O링

O링 구멍 뜨는 법

2 cm

2.6cm

O링 구멍 뜨는 법

5
10
10
비즈(투명연분홍)

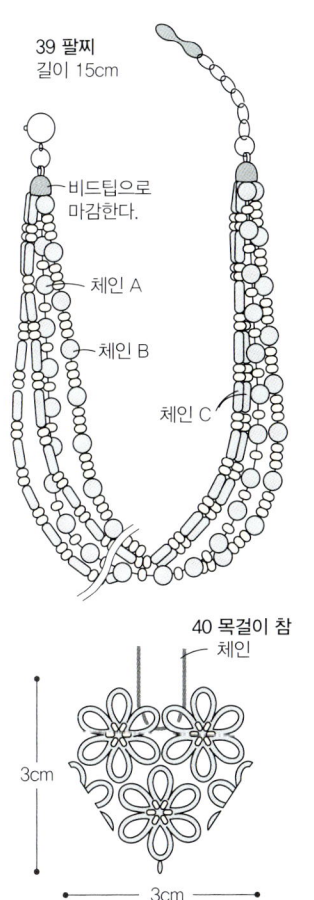

39 팔찌
길이 15cm

비드팁으로
마감한다.

체인 A

체인 B

체인 C

40 목걸이 참
체인

3cm

3cm

23

# 화이트×비즈 에징 & 브레이드

흰색 실과 보라색 비즈의 조합이 멋스럽습니다. 사용하는 비즈의 모양이며 크기에 따라 이미지가 달라집니다.

41 꽃

42 나비

43 꽃

44 나비

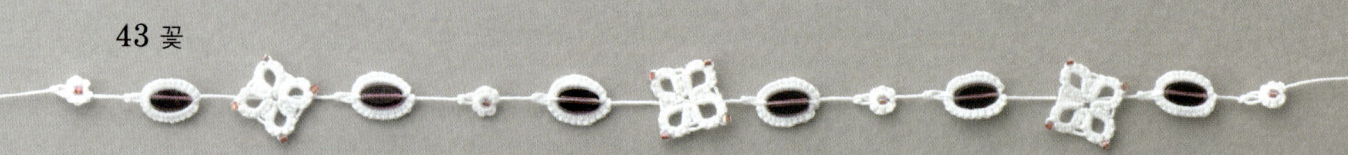

Knitting to p.26

Point lesson p.11(41)

# 귀걸이 & 래리어트

부담 없이 모티브 하나만 떠서 만든 귀걸이 & 반짝이는 비즈와 섬세한 피코가 우아한 래리어트.

45 귀걸이… ⟨43⟩
46 래리어트… ⟨41⟩

45

46

Knitting to p. 27

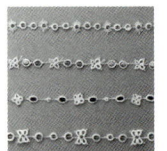

## 41·42·43·44 화이트×비즈 에징 & 브레이드

photo…p.24

41

연한 그레이
0.5cm
0.2cm
연보라
10  10  1 1
1.5cm
2
2
1 1
비즈
10  10
1 1

세로로 넣고 뜨는 방법(11쪽 참조)
3.8cm

42  나비 모티브
1cm로 자르고 풀을 묻힌다.

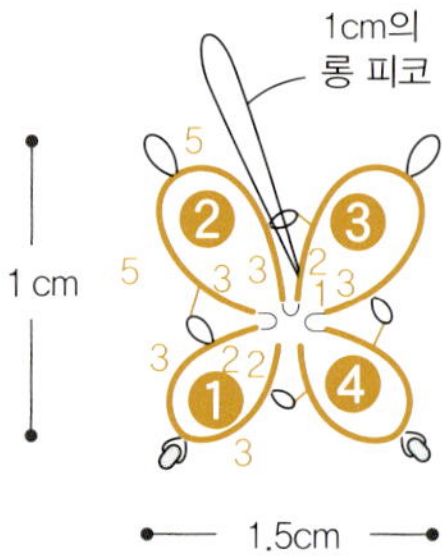

1cm의 롱 피코
5
2  3
5  3 3
1  4
5
1.5cm

42  비즈 a는 세로로 넣고 뜨는 방법으로 건네는 실에, 비즈 b는 11쪽을 참조하여 피코에 넣고 뜬다.

비즈 a
(연보라)
13  13
비즈 b
(흰색)
나비 모티브
1.5cm
13  13

세로로 진행하는 방법(11쪽 참조)
4.5cm

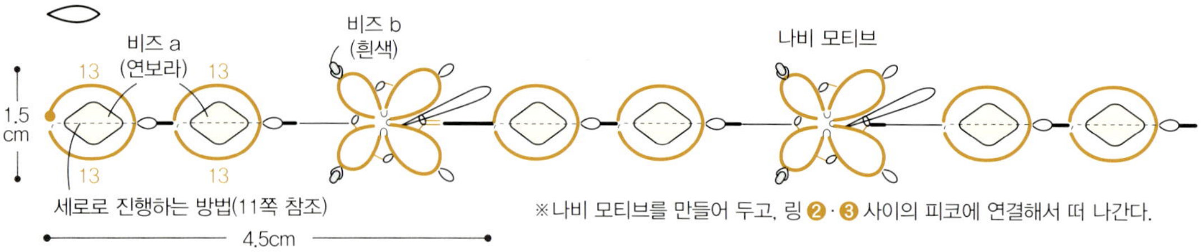

※나비 모티브를 만들어 두고, 링 ②·③ 사이의 피코에 연결해서 떠 나간다.

43  비즈 a는 세로로 넣고 뜨는 방법으로 건네는 실에, 비즈 b는 11쪽을 참조하여 피코에 넣고 뜬다.

비즈 a
(보라색)
4  12
(빨간색)
비즈 b
(빨간색)
꽃 모티브
1.2cm
4  12

세로로 진행하는 방법(11쪽 참조)
6.5cm

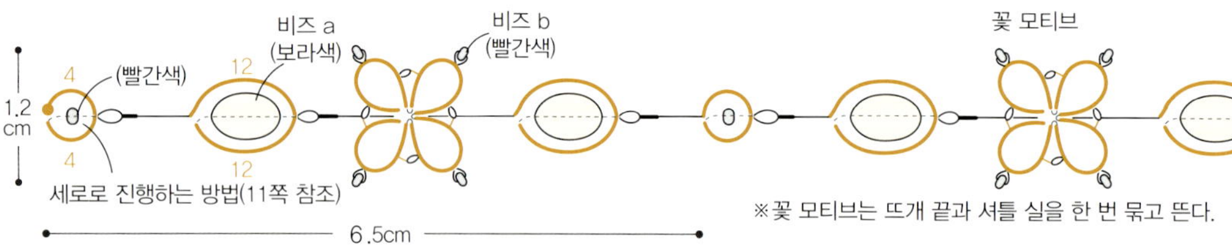

※꽃 모티브는 뜨개 끝과 셔틀 실을 한 번 묶고 뜬다.

43  꽃 모티브
2  3
3  3 3
1  4
3
1.2cm

44  비즈는 세로로 넣고 뜨는 방법으로 건네는 실에 넣고 뜬다.

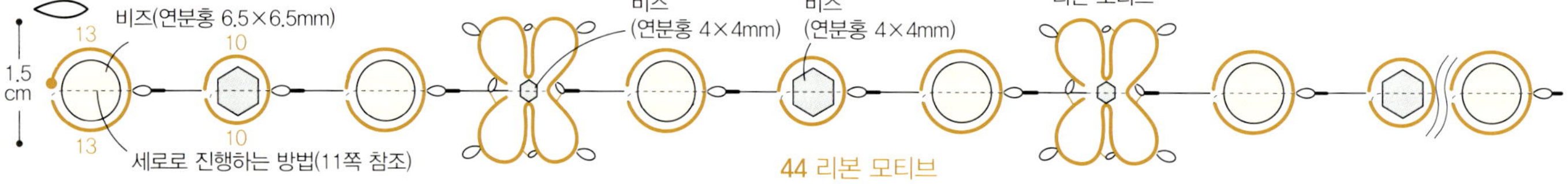

비즈(연분홍 6.5×6.5mm)
13  10
비즈
(연분홍 4×4mm)
비즈
(연분홍 4×4mm)
리본 모티브
1.5cm
13  10

세로로 진행하는 방법(11쪽 참조)

44 리본 모티브
5
2  5 1  3
5
0.2cm
5
1  5 1  4
5
1.8cm

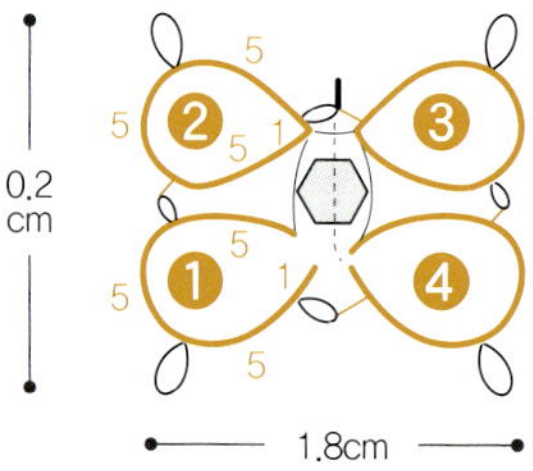

❶ ～ ❹링을 뜨고 세로로
진행하는 방법(11쪽 참조)
으로 비즈를 넣고 뜬다.

## 45 귀걸이 · 46 래리어트
photo…p.25

photo…p.25

만드는 법 포인트
〈45 귀걸이〉 모티브를 2장 뜨고, 귀걸이용 후크를 끼운다.
〈46 래리어트〉 26쪽 41과 같은 방법으로 2줄 뜨고, 뜨개 끝의 2줄의 실 끝을 묶고,
실 끝을 링의 뜨개코에 통과시켜 마무리한다.

**준비물**

45 귀걸이
SPECIAL DENTELLES 80번 보라색(553)…조금,
시드비즈(1.5mm) 핑크…4개
기타 : 귀걸이 후크(실버)…1세트

46 래리어트
CÉBÉLIA 30번 연베이지(739)…조금, 글라스비즈
검은색(4×4mm)…26개, 올리브그린(4×4mm)…
50개

**45 귀걸이**

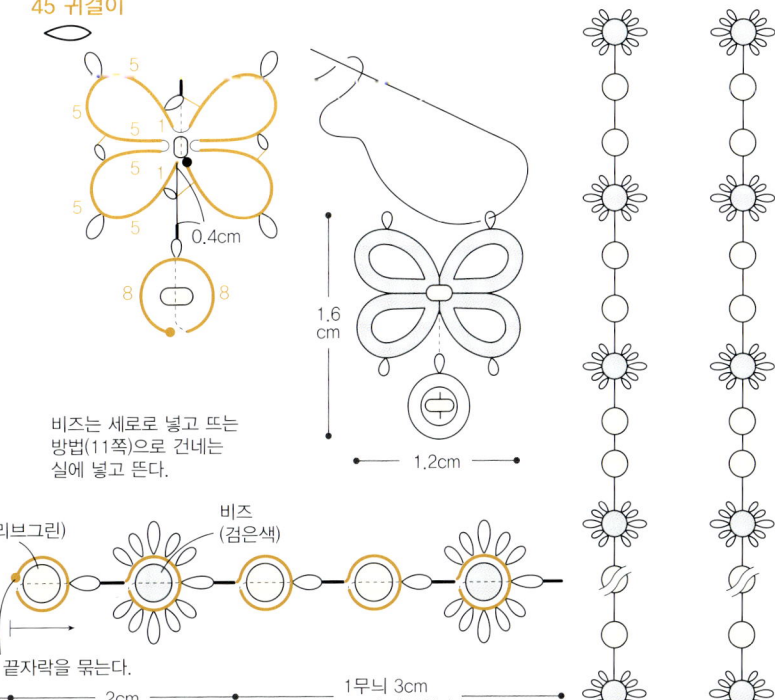

46 래리어트
길이 76.3cm

0.4cm

1.6 cm

1.2cm

비즈는 세로로 넣고 뜨는
방법(11쪽)으로 건네는
실에 넣고 뜬다.

래리어트 : 26쪽 41을 참조하여 뜬다.

비즈(올리브그린)

비즈
(검은색)

뜨개 시작의 실 끝자락을 묶는다.

1무늬 3cm
12번 반복한다.

2cm

0.3cm

2cm

1무늬 3cm
12번 반복한다.

---

## 63 · 64 팔찌
photo…p.33

photo…p.33

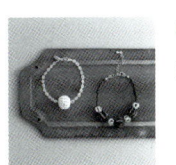

**준비물**

63 팔찌
〈장식 볼〉 CÉBÉLIA 30번 연베이지(ECRU)…조금,
시드비즈(2.0mm) 베이지…48개
〈체인〉 Diamant 라이트실버(D168)…조금

64 팔찌
〈장식 볼 a〉 Diamant 라이트실버(D168)…조금
〈장식 볼 b〉 CÉBÉLIA 30번 남색(823)…조금
시드비즈(1.5mm) 블루…120개
〈체인〉 CÉBÉLIA 30번 검은색(310)…조금
기타 : 길이 조절 체인(무광택 실버)…1세트

만드는 법 포인트
〈64 팔찌〉
장식 볼 a는 35쪽 60과 같은 방법으로 총 4개 뜬다.
장식 볼 b는 35쪽 57과 같은 방법으로 피코에 비즈를 2개
씩 넣어 뜨고, 돌아올 때는 비즈 사이에 셔틀 연결을 한다.
총 3개 뜬다.

**63 팔찌**

**64 팔찌**
코드는 검은색으로 겉코 5코,
안코 5코를 반복하여 16cm 뜬다.

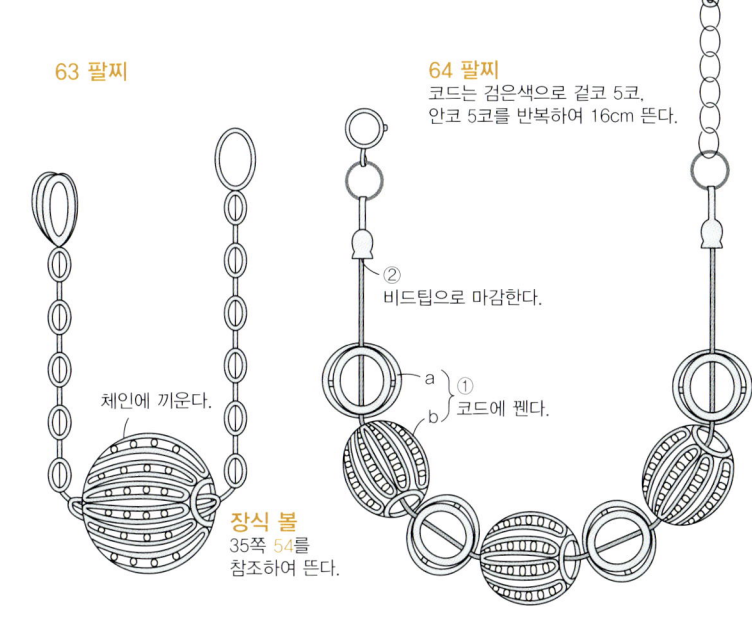

체인에 끼운다.

② 비드팁으로 마감한다.

a ①
b 코드에 꿴다.

장식 볼
35쪽 54를
참조하여 뜬다.

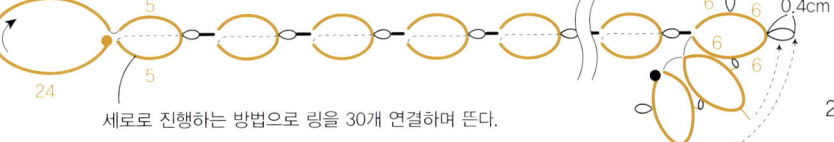

24

5

5

5

6 6

6

6

0.4cm

세로로 진행하는 방법으로 링을 30개 연결하며 뜬다.

27

## 알파벳

동글한 모양이 귀여운 A~Z의 알파벳.

47

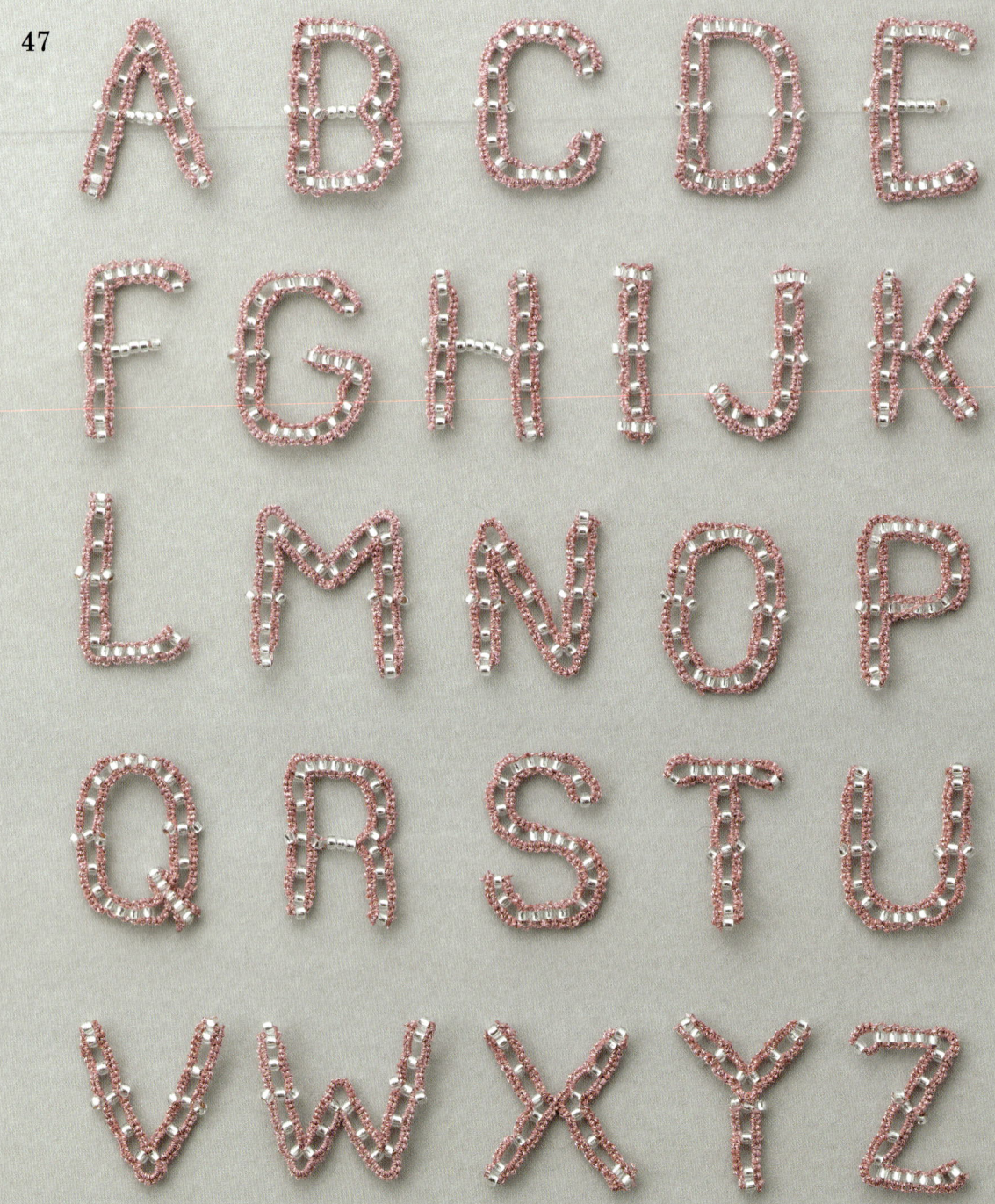

Knitting to A~J···p.30, K~T···p.31, U~Z···p.61
Point lesson p.58,59(B,I)

## 와펜

좋아하는 단어를 가방에 붙여,
나만의 개성을 더해요.

48

Knitting to p.61

## 브로치

이니셜을 넣은 매니시한
브로치는 어떤가요?

49

Knitting to p.61

# 알파벳 A·B·C·D·E·F·G·H·I·J

photo…p.28   point lesson…p.58, 59

**준비물**

(공통) : Diamant 핑크(D316)…조금
(공통) : 시드비즈(2.0mm) 실버
A…18개, B…26개, C…19개, D…24개, E…23개,
F…18개, G…24개, H…22개, I…13개, J…14개
기타 : 레이스 바늘 12호

**만드는 법 포인트**

셔틀 a, 셔틀 b를 준비하여, 비즈를 넣으면서 좌우
브리지를 번갈아 뜬다(58, 59쪽 참조).

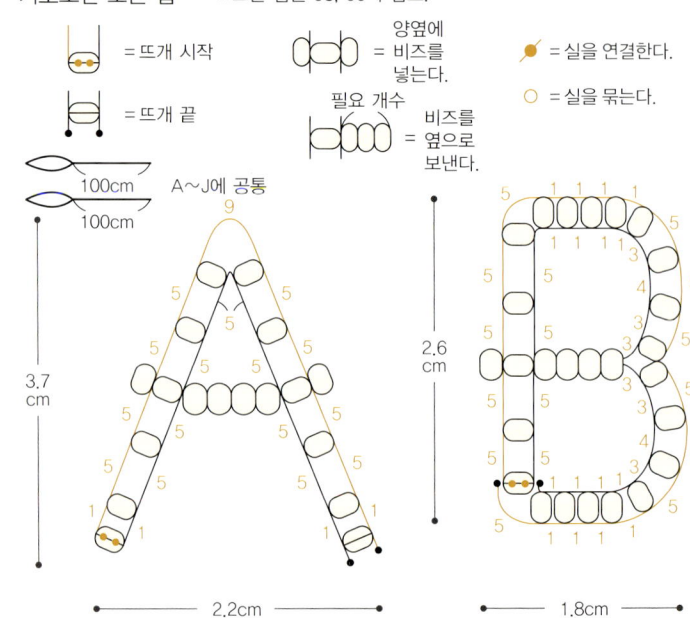

기호도안 보는 법   ※뜨는 법은 58, 59쪽 참조.

= 뜨개 시작
= 뜨개 끝
양옆에 = 비즈를 넣는다.
필요 개수 = 비즈를 옆으로 보낸다.
= 실을 연결한다.
= 실을 묶는다.

100cm
100cm   A~J에 공통

A  3.7cm  2.2cm
B  2.6cm  1.8cm

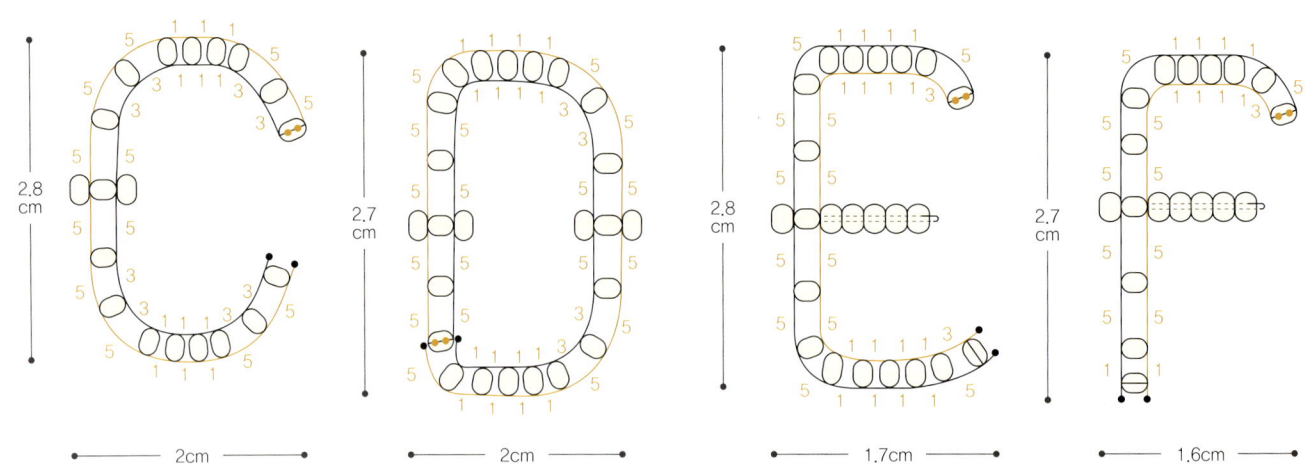

C  2.8cm  2cm
D  2.7cm  2cm
E  2.8cm  1.7cm
F  2.7cm  1.6cm

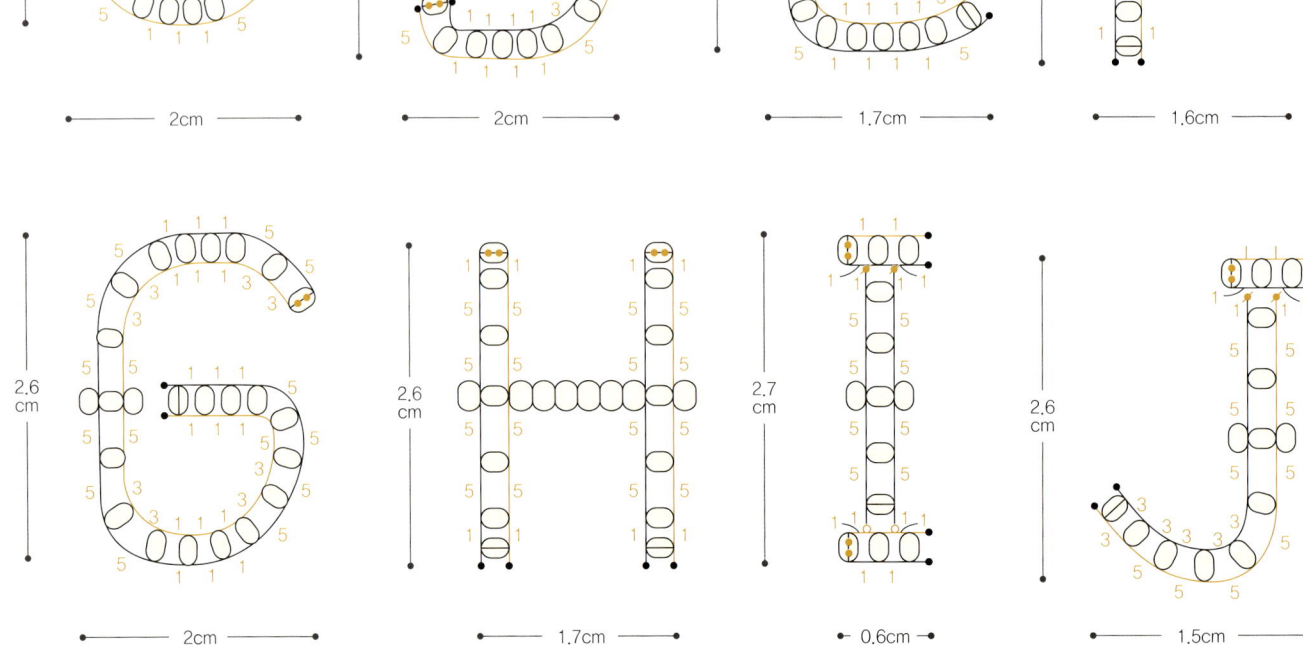

G  2.6cm  2cm
H  2.6cm  1.7cm
I  2.7cm  0.6cm
J  2.6cm  1.5cm

# 알파벳 K·L·M·N·O·P·Q·R·S·T

photo···p.28   point lesson···p.58, 59

## 준비물

(공통) : Diamant 핑크(D316)···조금
(공통) : 시드비즈(2.0mm) 실버
K···17개, L···14개, M···22개, N···21개, O···22개, P···19개,
Q···26개, R···23개, S···22개, T···15개
기타 : 레이스 바늘 12호

## 만드는 법 포인트

셔틀 a, 셔틀 b를 준비하여, 비즈를 넣으면서 좌우 브리지를
번갈아 뜬다(58, 59쪽 참조).

### 기호도안 보는 법   ※뜨는 법은 58, 59쪽 참조.

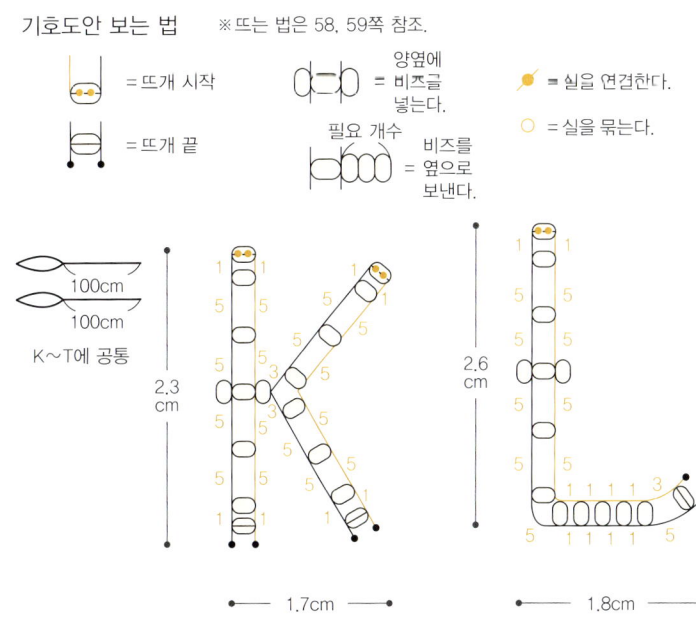

= 뜨개 시작

= 뜨개 끝

양옆에 = 비즈를 넣는다.

필요 개수 = 비즈를 옆으로 보낸다.

= 실을 연결한다.

= 실을 묶는다.

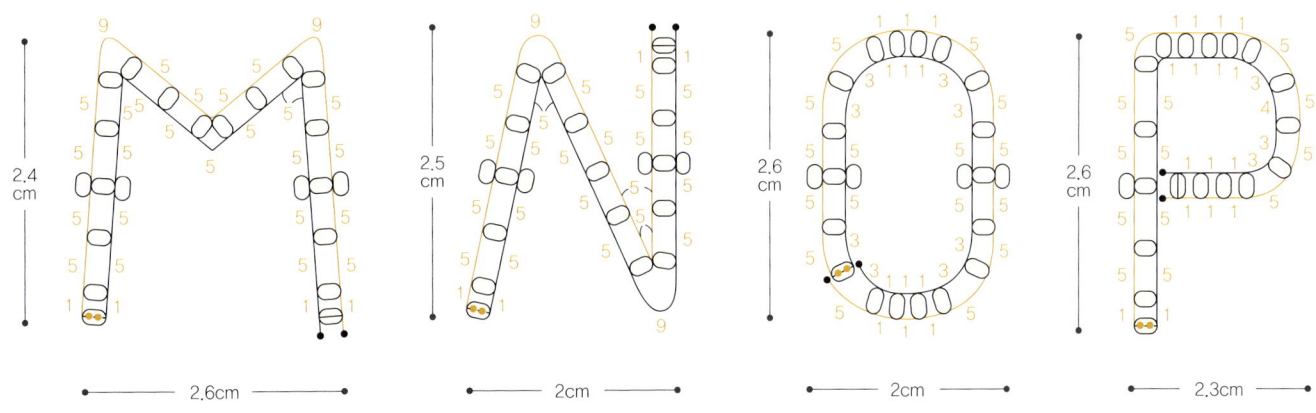

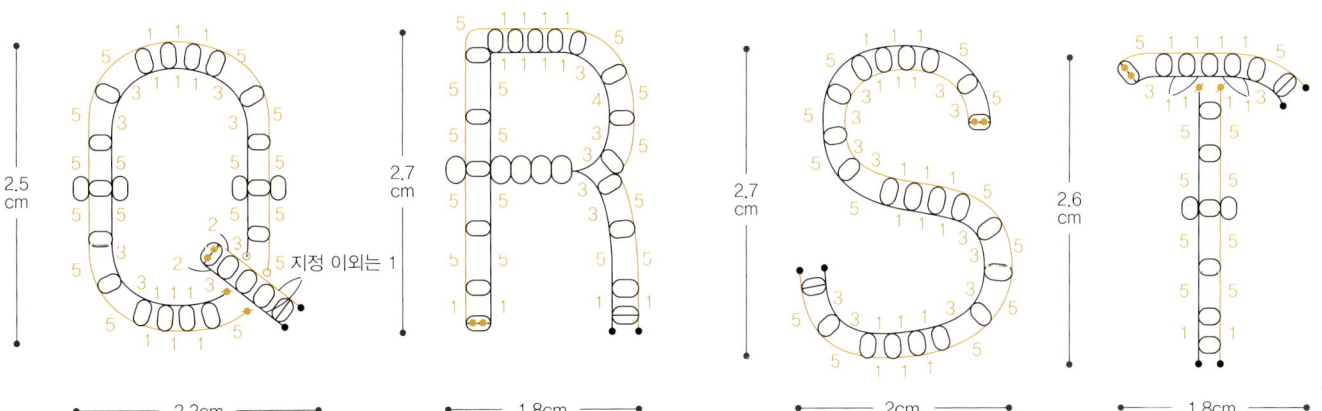

지정 이외는 1

31

## 지그재그 팔찌

사랑스러운 모티브들을 지그재그로 연결한
다양한 이미지의 팔찌는
끝에 진주비즈를 달아 완성하였습니다.

**50** 비둘기

**51** 별

**52** 꽃

**53** 꽃

Knitting to p. 34

# 동글동글 모티브

바다 생물같은 동글동글 귀여운 모티브를 다양한 크기로 만들어 볼까요?

54  56  57  59  61

55  58  60  62

Knitting to p. 35
Point lesson p. 12(58)

# 팔찌

원 포인트의 심플한 팔찌와
모티브를 여러 개 넣은 화려한 팔찌.
어떤 것이 좋아요?

63… 〈54〉
64… 〈57〉 + 〈60〉

*Arrangement*

63

64

Knitting to p. 27

## 50·51·52·53 지그재그 팔찌

photo…p.32

준비물

50 : CÉBÉLIA 30번 새먼핑크(352)…1g, 진주비즈(3mm)…1개
51 : CÉBÉLIA 30번 연한 새먼핑크(754)…1g, 진주비즈(3mm)…1개
52 : CÉBÉLIA 30번 잿빛 베이지(842)…1g, 시드비즈(1.5mm)
핑크…52개, 진주비즈(3mm)…1개
53 : CÉBÉLIA 30번 미색(712)…1g, 진주비즈(3mm)…1개

50 ❶～㉑ 순서로 뜨면서 잇는다.

51 ❶～⓮ 순서로 뜨면서 잇는다.

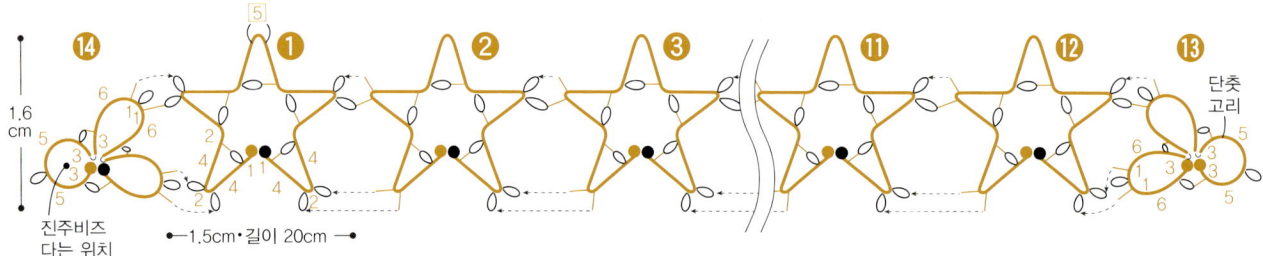

52 ❶～⓯ 순서로 뜨면서 잇는다.

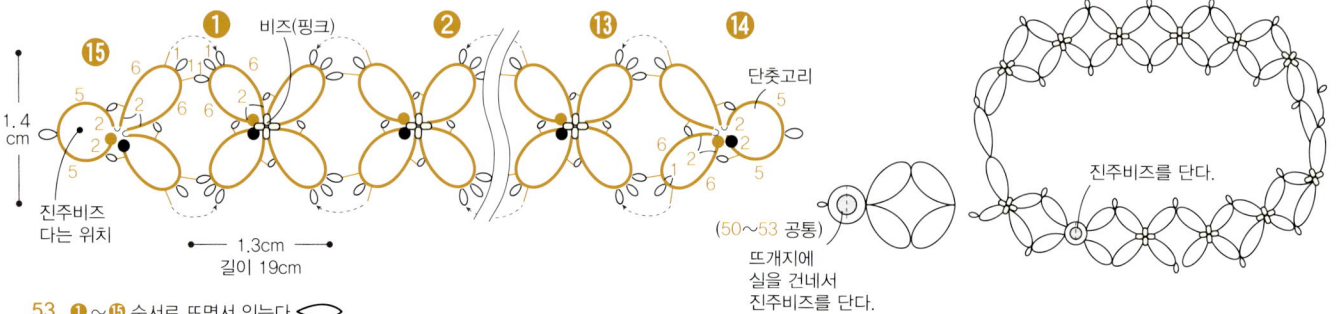

53 ❶～⓯ 순서로 뜨면서 잇는다.

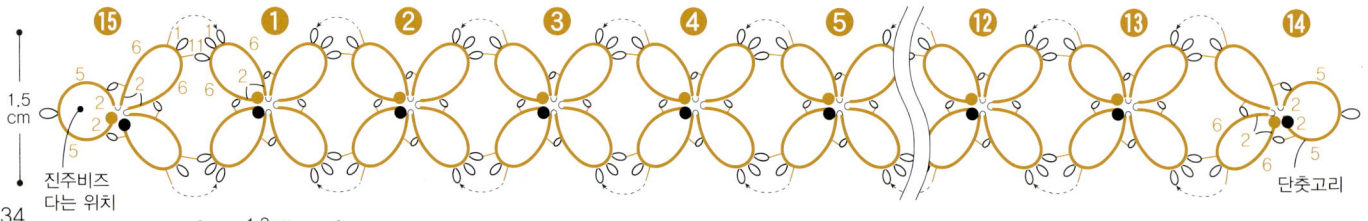

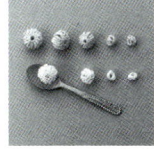

## 54 · 55 · 56 · 57 · 58 · 59 · 60 · 61 · 62 동글동글 모티브

photo…p.33
point lesson…p.12

**준비물**

54 : CÉBÉLIA 30번 연베이지(ECRU)…조금, 시드비즈(2.0mm)
베이지…48개
56 : CÉBÉLIA 30번 연베이지(ECRU)…조금, 시드비즈(2.0mm)
베이지…24개
57 : CÉBÉLIA 30번 연베이지(ECRU)…조금, 시드비즈(2.0mm)
베이지…24개
59 : CÉBÉLIA 30번 연베이지(ECRU)…조금, 시드비즈(2.0mm)
베이지…12개
61 : CÉBÉLIA 30번 연베이지(ECRU)…조금, 시드비즈(2.0mm)
베이지…9개
55 · 58 · 60 · 62 : CÉBÉLIA 30번 흰색(B5200)…조금

**만드는 법 포인트**

〈54 · 56 · 57〉
1. 링은 셔틀 1개로 2장을 떠 둔다.
2. 사이의 바는 셔틀＋볼실을 준비하고, 비즈는 볼실 쪽으로 보내 둔다.
3. 12쪽을 참조하여 링에 바를 떠서 이으면서, 지정한 피코에 비즈를 넣고 뜬다.

〈55 · 58〉
1. 링은 셔틀 1개로 2장을 떠 둔다.
2. 사이의 바는 셔틀＋볼실을 준비하고, 12쪽을 참조하여 링에 바를 떠서 잇는다.

〈59 · 61〉
1. 셔틀 1개를 준비하여 비즈는 셔틀에 감아 두고, 피코에 넣어 뜬다.
2. 링의 탑은 롱 피코에 끼운 비즈 사이에 피코 연결을 한다.

**54~58**

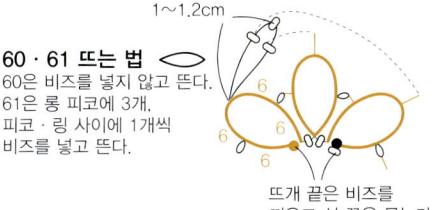

**57 · 58 뜨는 법**
58은 비즈를 넣지 않고 뜬다.
57은 브리지의 피코에 비즈를 넣고 뜬다.

**54 · 55 · 56 뜨는 법**
55는 비즈를 넣지 않고 뜬다.
54는 브리지의 피코에, 56은 브리지 1개
걸러 1번씩 피코에 비즈를 넣고 뜬다.

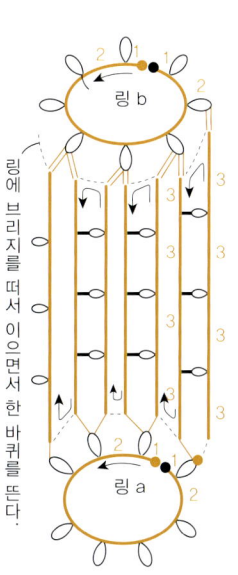

링에 브리지를 떠서 이으면서 한 바퀴를 뜬다

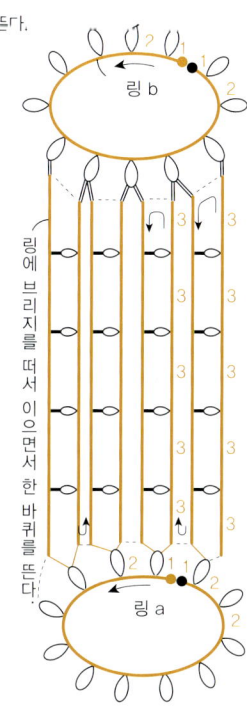

링에 브리지를 떠서 이으면서 한 바퀴를 뜬다

**60 · 61 뜨는 법**
60은 비즈를 넣지 않고 뜬다.
61은 롱 피코에 3개,
피코 · 링 사이에 1개씩
비즈를 넣고 뜬다.

1~1.2cm

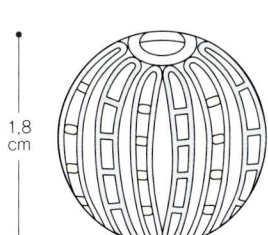

뜨개 끝은 비즈를
끼우고 실 끝을 묶는다.

**59 · 62 뜨는 법**
62는 비즈를 넣지 않고 뜬다.
59는 롱 피코에 4개,
피코 · 링 사이에 1개씩
비즈를 넣고 뜬다.

1.3~1.4cm

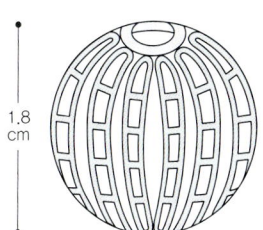

뜨개 끝은
비즈를 끼우고
실 끝을 묶는다.

54

1.8cm

56

1.8cm

55

1.8cm

57

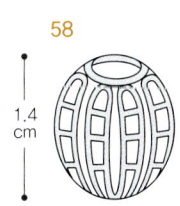
1.4cm

58

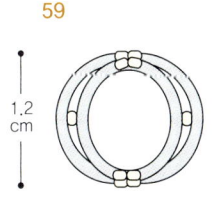
1.4cm

59

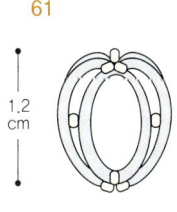
1.2cm

61

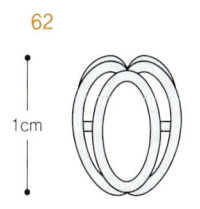
1.2cm

62

1cm

60

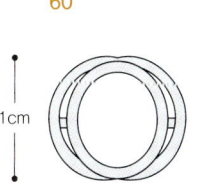
1cm

# ○△□ 체인

○△□ 모티브를 연결한 삼색기 컬러의 체인.
배색을 고민하는 일이 재밌어질 것 같아요. ♪

65  66  67  68  69  70

Knitting to p.38
Point lesson p.11(65)

# 팔찌 & 귀걸이

동심의 세계에서 빠져나온 듯 예쁜 세트는 가볍게 평상시에 즐겨보세요.

71·72 △세트 〈70〉
73·74 ○세트… 〈65〉

71

72

△세트

73

○세트

74

Knitting to p.39

## 65·66·67·68·69·70 ○△□ 루프

photo…p.36    point lesson…p.11

준비물

65 : CÉBÉLIA 30번 미색(712)·흰색(BLANC)…조금
시드비즈(2.0mm) 하늘색…40개, 빨간색…50개
66 : CÉBÉLIA 30번 흰색(BLANC)·파란색(799)…조금
시드비즈(2.0mm) 흰색…80개, 시드비즈(1.5mm) 파란색…90개
67 : CÉBÉLIA 30번 흰색(BLANC)·미색(712)…조금
시드비즈(2.0mm) 빨간색…16개, 투명…28개, 남색…12개
68 : CÉBÉLIA 30번 흰색(BLANC)·파란색(797)…조금
시드비즈(2.0mm) 투명·파란색…각 28개
69 : CÉBÉLIA 30번 흰색(BLANC)·미색(712)…조금
시드비즈(2.0mm) 빨간색…12개, 투명…21개, 남색…9개
70 : CÉBÉLIA 30번 흰색(BLANC)·파란색(799)…조금
시드비즈(2.0mm) 투명·파란색…각 21개

만드는 법 포인트 ※각 루프에 공통

1. 셔틀에 실을 감고, 실 끝에서 40cm 정도 위치에 클립을 끼워 뜨기 시작한다. 비즈를 넣고 뜨는 루프는 셔틀에 비즈를 감아, 심지실에 비즈를 넣고 뜬다.
2. 기호도안의 콧수에 따라 한 바퀴를 뜨고, 뜨개 끝의 실 끝을 7cm 정도 남기고 자른다. 클립을 빼고, 9쪽을 참조하여 실 끝을 묶어서 마무리한다. 비즈를 넣고 뜬 루프 A는 클립을 오른쪽, 넣지 않은 루프 B는 왼쪽에 두고 실 마무리를 한다. 더블스티치의 머리가 A는 안쪽, B는 바깥쪽이 된다.
3. 2번째 루프는 한 바퀴를 뜬 다음, 1번째 루프에 통과시키고 실 끝을 묶어 마무리한다.

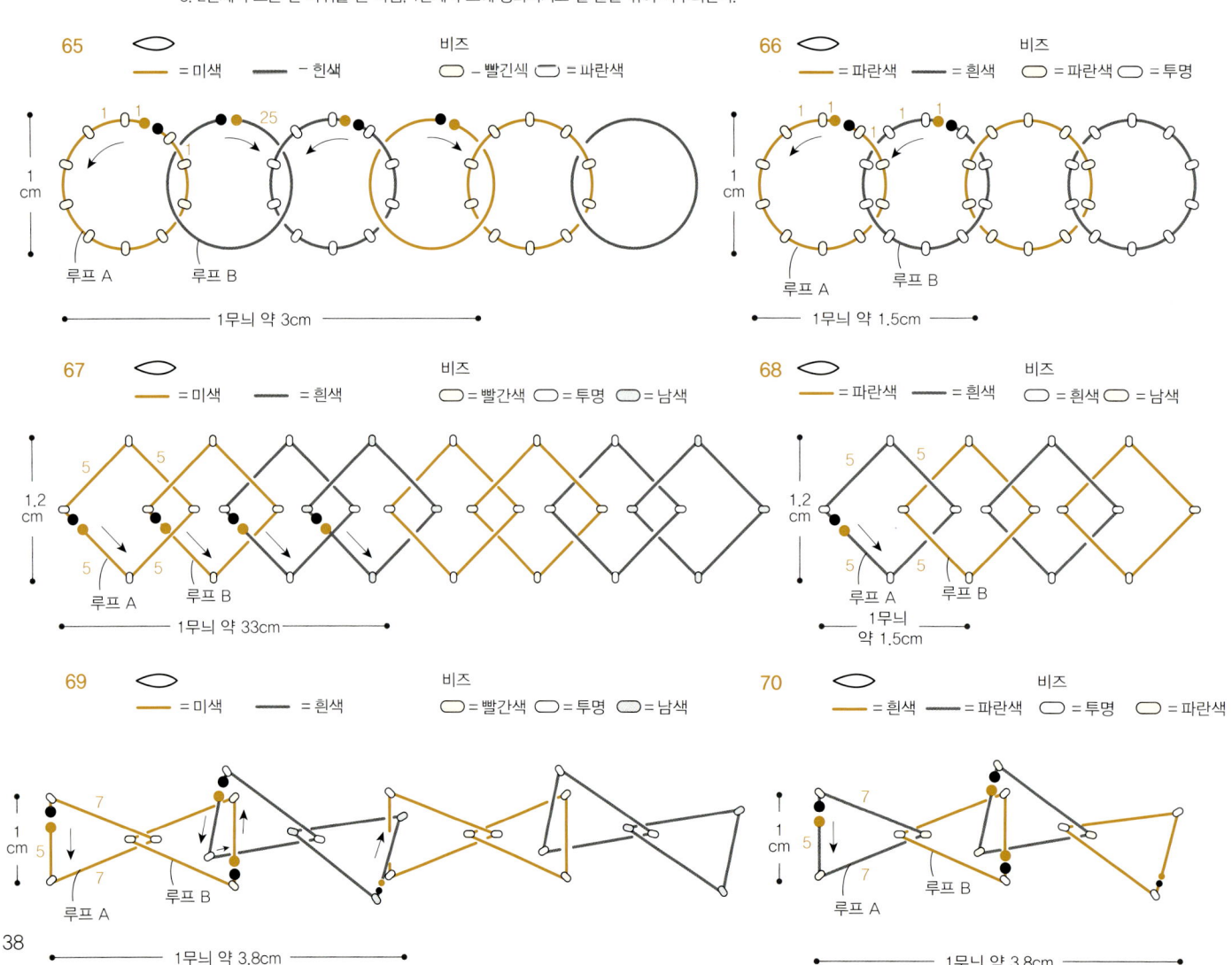

65    = 미색    = 흰색    비즈 ◯ = 빨간색 ◯ = 파란색
루프 A    루프 B    1무늬 약 3cm    1cm

66    = 파란색    = 흰색    비즈 ◯ = 파란색 ◯ = 투명
루프 A    루프 B    1무늬 약 1.5cm    1cm

67    = 미색    = 흰색    비즈 ◯ = 빨간색 ◯ = 투명 ◯ = 남색
루프 A    루프 B    1무늬 약 33cm    1.2cm

68    = 파란색    = 흰색    비즈 ◯ = 흰색 ◯ = 남색
루프 A    루프 B    1무늬 약 1.5cm    1.2cm

69    = 미색    = 흰색    비즈 ◯ = 빨간색 ◯ = 투명 ◯ = 남색
루프 A    루프 B    1무늬 약 3.8cm    1cm

70    = 흰색    = 파란색    비즈 ◯ = 투명 ◯ = 파란색
루프 A    루프 B    1무늬 약 3.8cm    1cm

## △세트, ○세트

photo…p.37

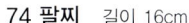

**준비물**

71 팔찌
CÉBÉLIA 30번 남색(797)·와인색(816)…조금, 시드비즈(2.0mm)
빨간색…27개, 남색…30개
기타 : 길이 조절 체인(앤틱골드)…1세트
72 귀걸이
CÉBÉLIA 30번 남색(797)·와인색(816)…조금, 시드비즈(2.0mm)
빨간색…12개
기타 : 귀걸이 포스트(앤틱골드)…1세트
73 귀걸이
CÉBÉLIA 30번 미색(712)…조금, 시드비즈(2.0mm) 빨간색…20개
기타 : 귀걸이 포스트(앤틱골드)…1세트
74 팔찌
CÉBÉLIA 30번 흰색(BLANC)·미색(712)…조금, 시드비즈(2.0mm)
빨간색…60개
기타 : 클래습 잠금 장치(앤틱골드)…1세트

**만드는 법 포인트**
〈△세트〉 팔찌·귀걸이는 38쪽 69를 참조하여 뜬다.
〈○세트〉 팔찌·귀걸이는 38쪽 65를 참조하여 뜬다.

**74 팔찌** 길이 16cm

—— = 미색    —— = 흰색

**71 팔찌** 길이 16cm

—— = 남색    —— = 와인색

비즈
▭ = 남색    ⬭ = 빨간색

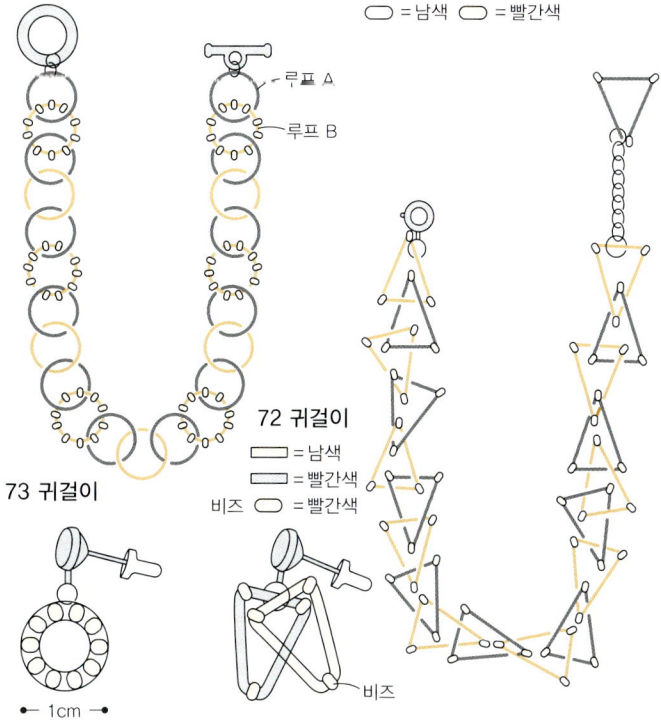

루프 A
루프 B

**72 귀걸이**
▭ = 남색
▭ = 빨간색
비즈 ⬭ = 빨간색

**73 귀걸이**

← 1cm →

비즈

---

## 80·82 링 응용

photo…p.41
point lesson…p.10

**준비물**

80 : Diamant 라이트실버(D168)…조금, 진주비즈(4mm) 크림색…1개,
시드비즈(2.0mm) 보라색…6개
82 : Diamant 골드(D3852)…조금

**만드는 법 포인트**
〈80〉
중앙의 꽃 모티브를 먼저 떠 둔다. 손가락 사이즈에
맞춰 링을 뜨고, 꽃 모티브를 연결한다.
〈82〉
❶~㉒ 순서로 뜨면서 연결한다. ⓭의 ★표시 위치에서 ❷의
★표시 피코에 연결한다.

**80**

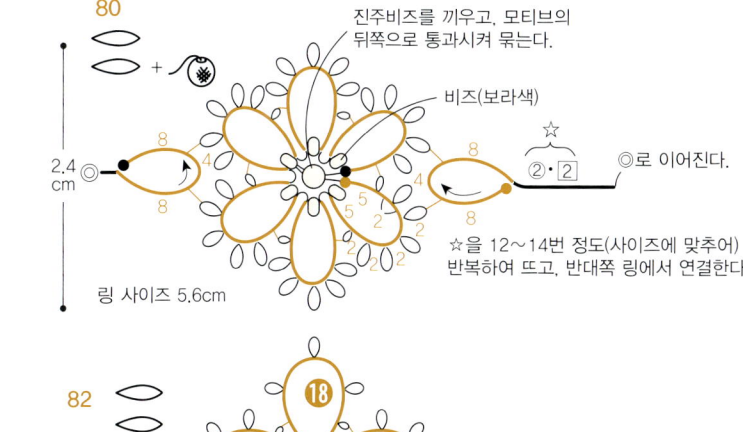

2.4 cm

진주비즈를 끼우고, 모티브의
뒤쪽으로 통과시켜 묶는다.

비즈(보라색)

◎로 이어진다.

☆을 12~14번 정도(사이즈에 맞추어)
반복하여 뜨고, 반대쪽 링에서 연결한다.

링 사이즈 5.6cm

**82**

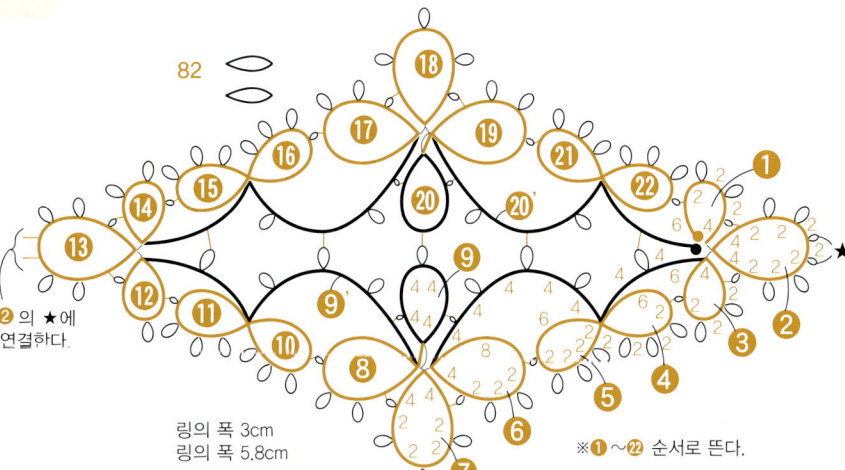

❷의 ★에
연결한다.

링의 폭 3cm
링의 폭 5.8cm

※❶~㉒ 순서로 뜬다.

# 링 응용

컬러풀하고 귀여운 반지.
오늘은 어떤 걸로 할까요?

75

77

76

78

79

Knitting to p. 42

마치 주얼리 숍의 디스플레이 같아요.
평상시는 물론이고, 드레스 차림에도 어울리는 우아한 링을 만나 보세요.

Knitting to 80 · 82…p. 39, 81 · 83~87…p. 43
Point lesson p. 10(80) p. 11(85)

## 75·76·77·78·79 링 응용

photo···p.40

만드는 법 포인트

⟨75·77⟩
1번 링을 떴으면 뜨개지를 뒤집어 2번 링을 뜨고, 뜨개지를 바꿔 잡고 3번 링, 계속 뜨개지를 바꿔 잡으면서 뜨개를 진행한다.
짝수 번째 링을 뜰 때는 안코에서 뜨기 시작하고, 안코 1코, 겉코 1코를 더블스티치 1코로 센다.
⟨76⟩ 「1번 링을 떴으면 뜨개지를 바꿔 잡고, 브리지, 2번 링을 뜬다. 뜨개지를 바꿔 잡고 2번 브리지, 3번 링을 뜬다」.「」안을 반복하여
8무늬 뜬다.

---

**75** 링 사이즈 6cm, 폭 1.6cm

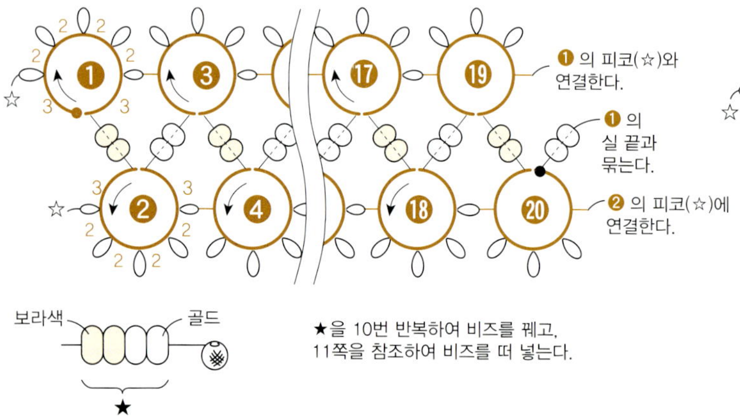

❶의 피코(☆)와
연결한다.

❶의
실 끝과
묶는다.

❷의 피코(☆)에
연결한다.

보라색    골드

★

★을 10번 반복하여 비즈를 꿰고,
11쪽을 참조하여 비즈를 떠 넣는다.

---

**77** 링 사이즈 6cm, 폭 1cm

❶의 피코(☆)와
연결한다.

❶의 실 끝과
묶는다.

❷의 피코(☆)와
연결한다.

※11쪽을 참조하여
비즈를 넣고 뜬다.

---

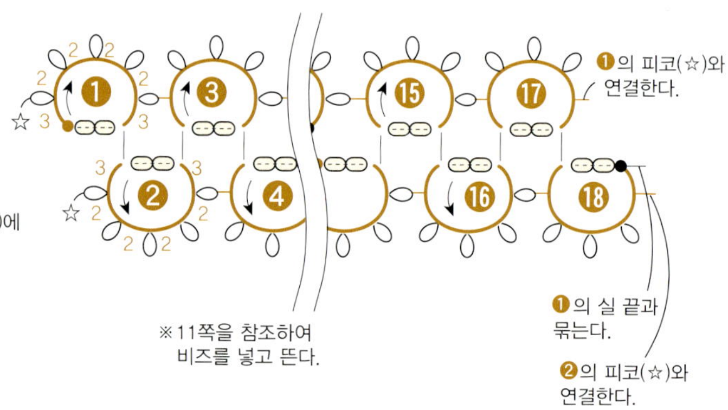

**78** 링 사이즈 6cm, 폭 1cm

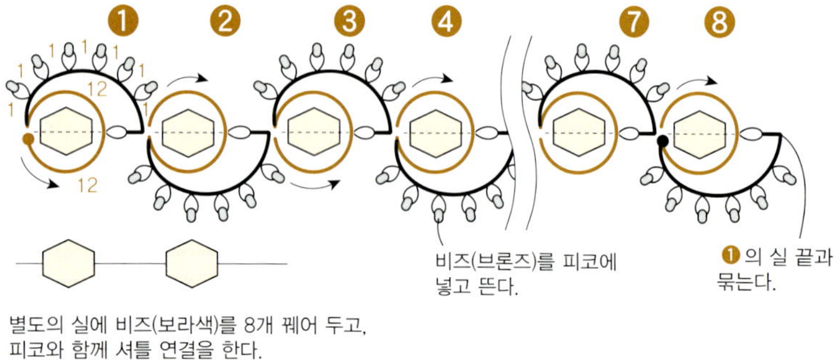

비즈(브론즈)를 피코에
넣고 뜬다.

❶의 실 끝과
묶는다.

별도의 실에 비즈(보라색)를 8개 꿰어 두고,
피코와 함께 셔틀 연결을 한다.

---

**79**

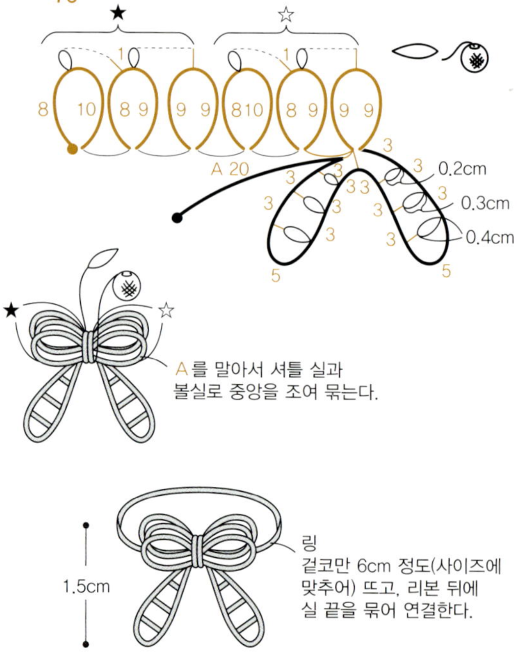

★    ☆

A 20

0.2cm
0.3cm
0.4cm

A를 말아서 셔틀 실과
볼실로 중앙을 조여 묶는다.

★    ☆

---

**76** 링 사이즈 6cm, 폭 0.6cm

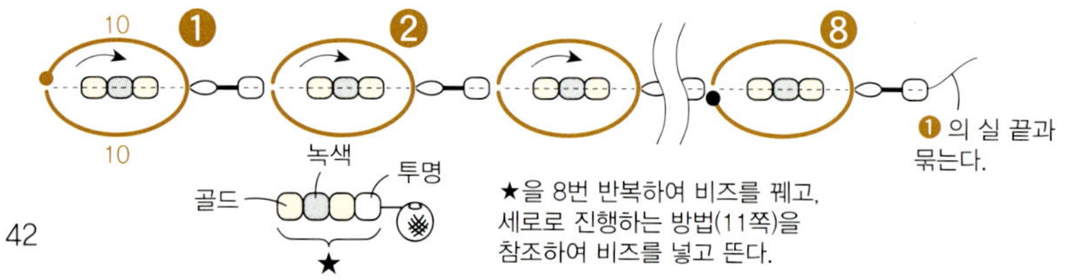

❶의 실 끝과
묶는다.

골드    녹색    투명

★

★을 8번 반복하여 비즈를 꿰고,
세로로 진행하는 방법(11쪽)을
참조하여 비즈를 넣고 뜬다.

1.5cm

링
겉코만 6cm 정도(사이즈에
맞추어) 뜨고, 리본 뒤에
실 끝을 묶어 연결한다.

## 81·83·84·85·86·87 링 응용

photo···p.41

photo···p.41

**준비물**

81 : CÉBÉLIA 30번 아이보리(746)···조금, 시드비즈(2.0mm) 골드···14개
83 : SPECIAL DENTELLES 80번 보라색 그러데이션(52)·Diamant 라이트실버(D168)···조금, 시드비즈(1.5mm) 보라색···24개
84 : Diamant 라이트골드(D3821)···조금, 진주비즈(3mm) 크림색···8개, 스리컷비즈(2.0mm) 골드···1개
85 : Diamant 라이트실버(D168)···조금, 시드비즈(1.5mm) 핑크···8개
86 : Diamant 라이트실버(D168)···조금, 스리컷비즈(2.0mm) 골드···3개
87 : Diamant 라이트실버(D168)·라이트골드(D3821)···조금, 스리컷비즈(2.0mm) 골드···11개

**81** 비즈 넣고 뜨는 법은 13쪽 참조.

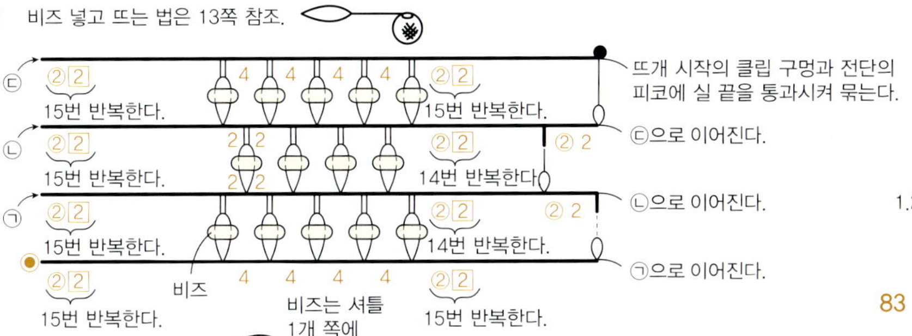

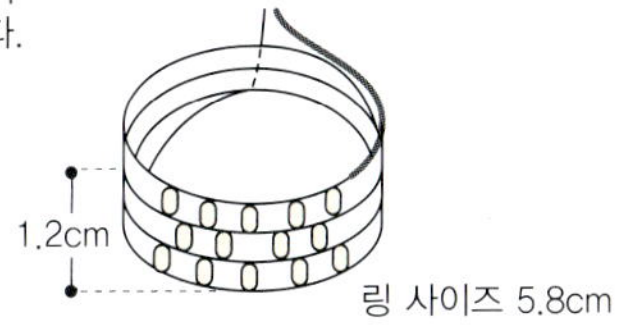

뜨개 시작의 클립 구멍과 전단의 피코에 실 끝을 통과시켜 묶는다.

ⓒ로 이어진다.

ⓒ 2│2 ··· 4 4 4 4 4 ··· 2│2 2
15번 반복한다.    15번 반복한다.

ⓛ 2│2 ··· 2│2 ··· 2│2 2
15번 반복한다.    14번 반복한다.

ⓛ으로 이어진다.

ⓖ 2│2 ··· 2│2 ··· 2│2 2
15번 반복한다.    14번 반복한다.

ⓖ으로 이어진다.

2│2 ··· 4 4 4 4 4
15번 반복한다. 비즈    비즈는 셔틀 1개 쪽에 끼운다.    15번 반복한다.

뜨개 시작과 뜨개 끝을 묶는다.

1.2cm
링 사이즈 5.8cm

셔틀 쪽에 비즈를 끼운다. (보라색 그러데이션).
(라이트실버)

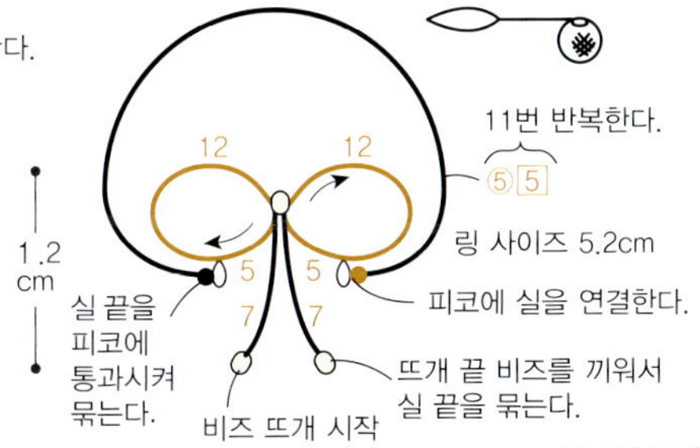

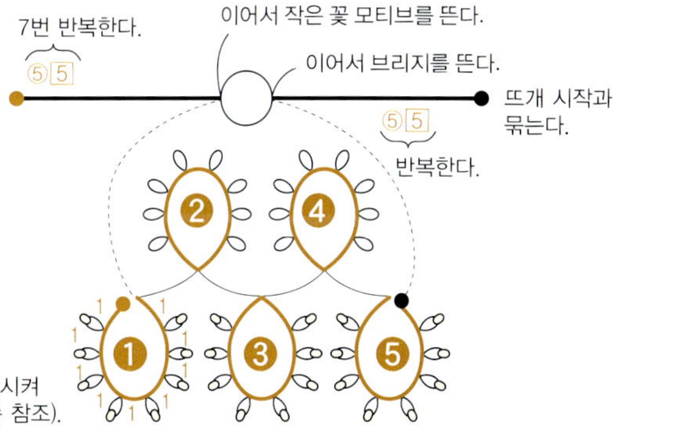

**83** 브리지는 보라색 그러데이션을 심지로 하여 라이트실버로 뜨고, 링은 보라색 그러데이션으로 뜬다.

7번 반복한다.
5│5
이어서 작은 꽃 모티브를 뜬다.
이어서 브리지를 뜬다.
뜨개 시작과 묶는다.
5│5 반복한다.

② ④
① ③ ⑤

**85** 비즈 넣고 뜨는 법은 11쪽 참조. 링 사이즈 6cm.

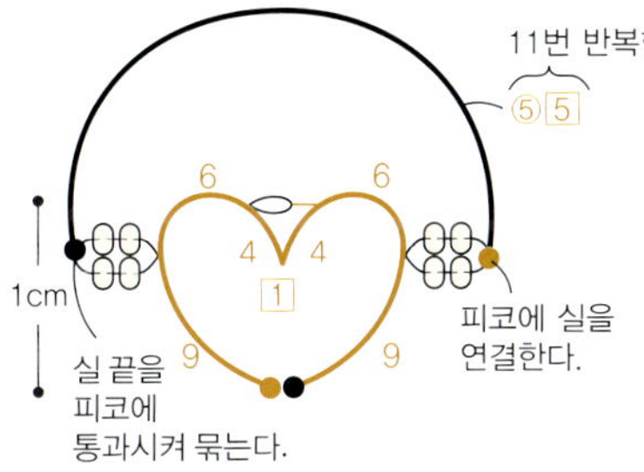

11번 반복한다.
5│5

6    6
4 4
①

1cm
실 끝을 피코에 통과시켜 묶는다.

9    9
피코에 실을 연결한다.

**86** 비즈 뜨개 시작은 셔틀에 비즈를 감고, 클립으로 뜨개를 시작하는 방법과 같은 요령(8쪽 참조).

12    12

11번 반복한다.
5│5

링 사이즈 5.2cm
피코에 실을 연결한다.

1.2cm
실 끝을 피코에 통과시켜 묶는다.

5    5
7
비즈 뜨개 시작

뜨개 끝 비즈를 끼워서 실 끝을 묶는다.

**84** 뜨는 법은 13쪽 참조.

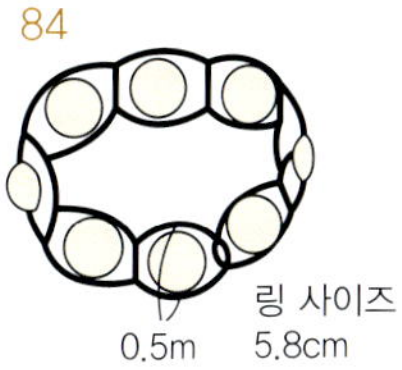

④의 피코에 연결한다!

⑧ ⑦ ⑥ ⑤ ❶ ❷ ❸ ④

4    4    4    4    4    4    4    4
비즈를 페어 잇는다.    진주비즈    2    4    4
실 끝을 묶는다.

비즈에 통과시켜 잇는다(13쪽 참조).
골드 비즈

**84**
0.5m    링 사이즈 5.8cm

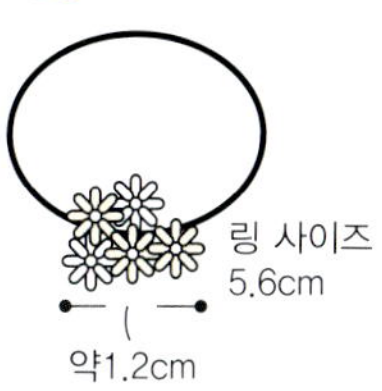

**83**
링 사이즈 5.6cm
약1.2cm

**87** 비즈 꿰는 법은 13쪽 참조.

**링 A 뜨는 법**
비즈를 페어 잇는다.
뜨는 실과 심지실을 묶는다.

☆로 이어진다.
0.2cm    0.2cm
5    5    5    5    5    5    5
2    비즈    5    비즈    5    5    5
★로 이어진다.

실 끝을 묶는다.    비즈를 페어 잇는다.

①링 B는 링 A에 링을 통과시켜 실 끝을 묶는다.
②링 C는 링 A·B에 링을 통과시켜 실 끝을 묶는다.

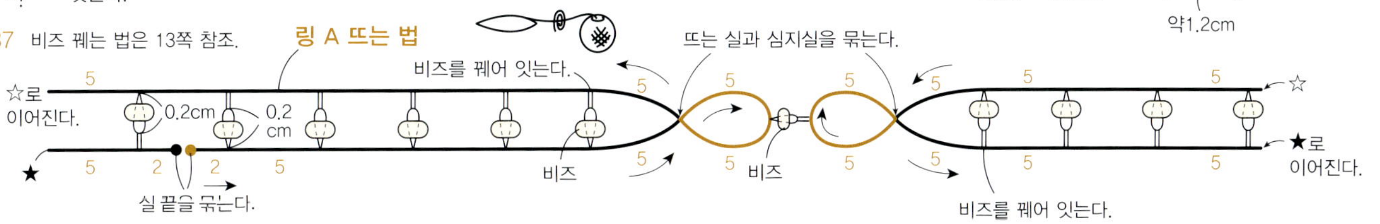

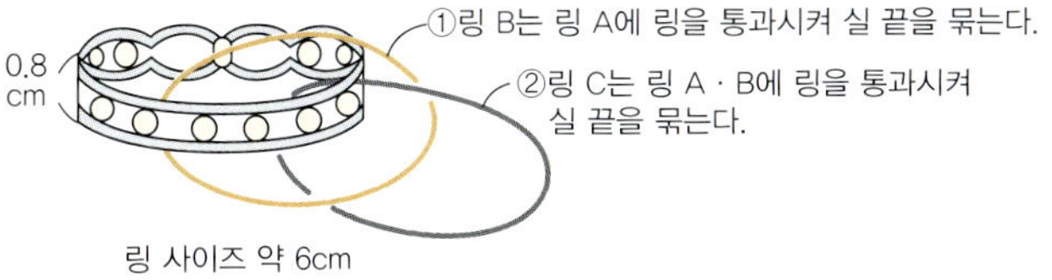

**링 B** 라이트실버
**링 C** 라이트골드    각 1개

0.8cm
링 사이즈 약 6cm

5│5를 16번

43

## 피코 플라워

겹겹이 겹친 피코의 입체감이 아름다운 플라워 모티브들.
용도에 맞추어 모티브의 일부분을 사용하거나 꽃심에 비즈를 넣는 등, 다양하게 응용해 보세요.

90

90'

88

91

89

Knitting to 88…p.46, 89…p.60, 90 · 90' · 91…p.47
Point lesson p.8(89)

## 브로치 & 귀걸이

단마다 배색을 한 그러데이션이 폭신폭신한 느낌을 더욱 살려줍니다.
귀걸이 모티브에는 꽃심에 비즈를 더했습니다.

92 브로치… 〈89〉
93 귀걸이… 〈90〉

**92**

**93**

**Knitting to 92…p.60, 93…p.47**

## 바레트

차분한 색감의 세련된 바레트는
각각 1종류의 모티브를 장식하여 만들었습니다.

94… 〈88〉
95… 〈90〉

**94**

**95**

**Knitting to 94…p.46, 95…p.47**

## 피코 플라워 88 모티브, 94 바레트

photo···p.44,45

**준비물**

88 모티브 : CÉBÉLIA 30번 흰색(BLANC)···조금
94 바레트 : SPECIAL DENTELLES 80번 올리브옐로(783)···조금,
Diamant 브론즈(D140)···조금
자동핀대(골드)···1개, 1cm 폭 그로그랭리본(고동색)···8cm

**만드는 법 포인트**

〈88 모티브〉
1. 입체 모티브는 셔틀 2개+젬클립으로 뜨기 시작한다.
2. 중심의 입체 모티브를 뜨고, 셔틀+볼실을 준비하여 모티브의 피코에 실을
연결하여 4단 뜬다.

〈94 바레트〉
※모티브 뜨는 법은 88 참조.
1. 입체 모티브 2장, 모티브 a를 뜬다.
2. 자동핀대에 그로그랭리본을 접착제로 붙여 바탕을 만들고, 모티브를 붙인다.

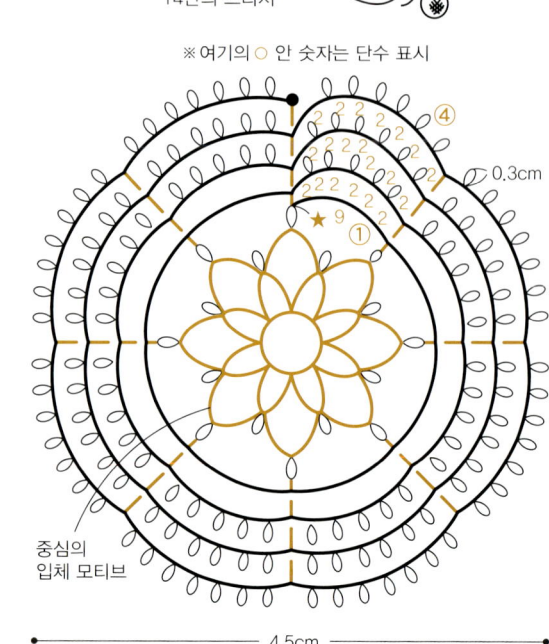

**88**   중심의 입체 모티브

14단의 브리지

※여기의 ○ 안 숫자는 단수 표시

중심의
입체 모티브

4.5cm

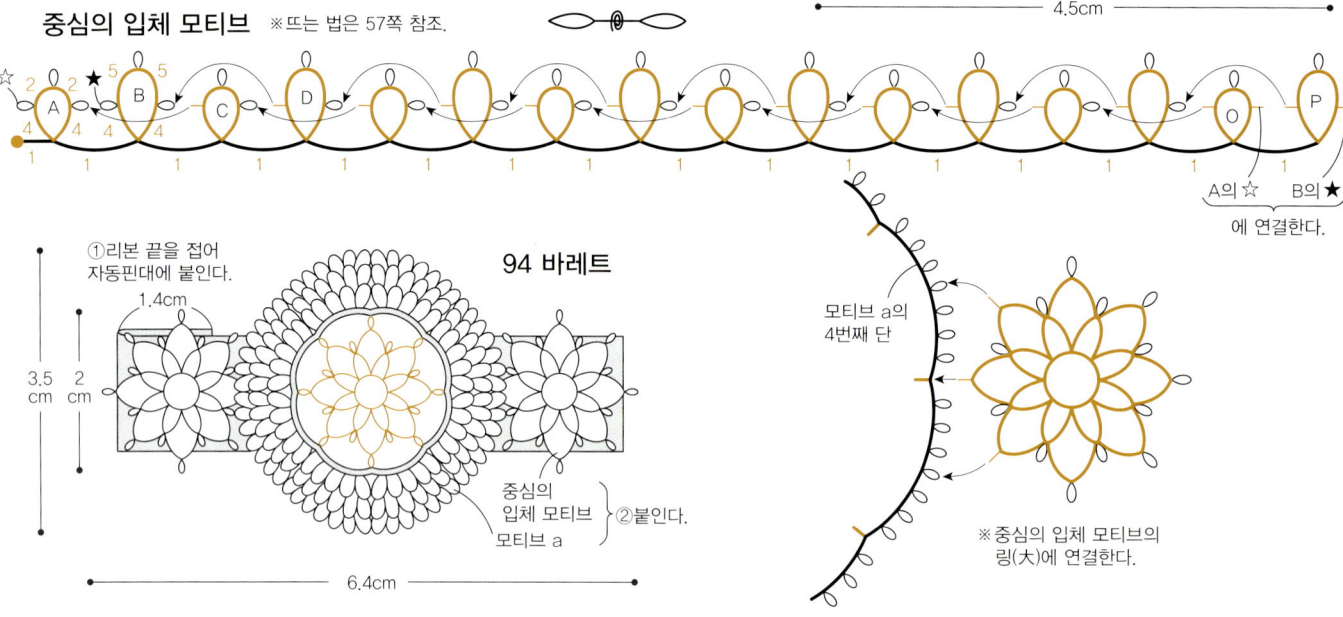

**중심의 입체 모티브**   ※뜨는 법은 57쪽 참조.

A의 ☆   B의 ★
에 연결한다.

**94 바레트**

①리본 끝을 접어
자동핀대에 붙인다.

1.4cm

3.5 cm   2 cm

6.4cm

중심의
입체 모티브
모티브 a

②붙인다.

모티브 a의
4번째 단

※중심의 입체 모티브의
링(大)에 연결한다.

## 93 귀걸이

1.8cm

귀걸이대에 90 모티브를
접착제로 붙인다.

2.9 cm

①리본 끝을 1.4cm 접어 자동핀대에
접착제로 붙인다.

## 95 바레트

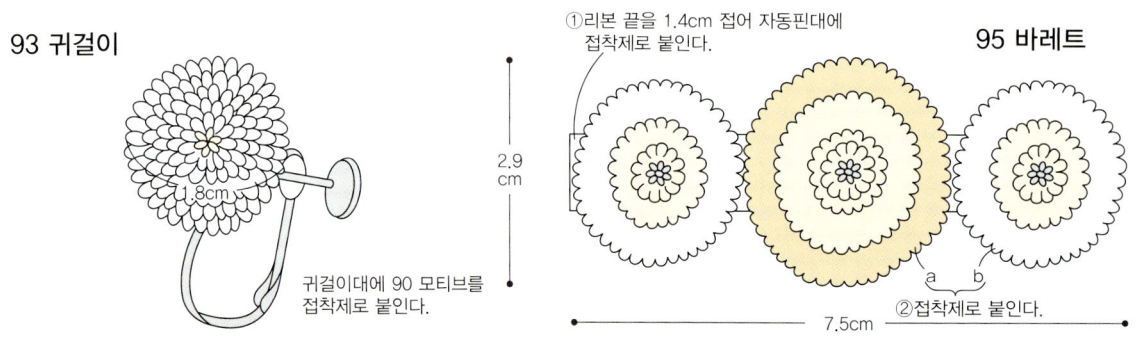

a   b

②접착제로 붙인다.

7.5cm

피코 플라워 90·90'·91 모티브
93 귀걸이, 95 바레트
photo…p.44,45

## 90·90' 모티브

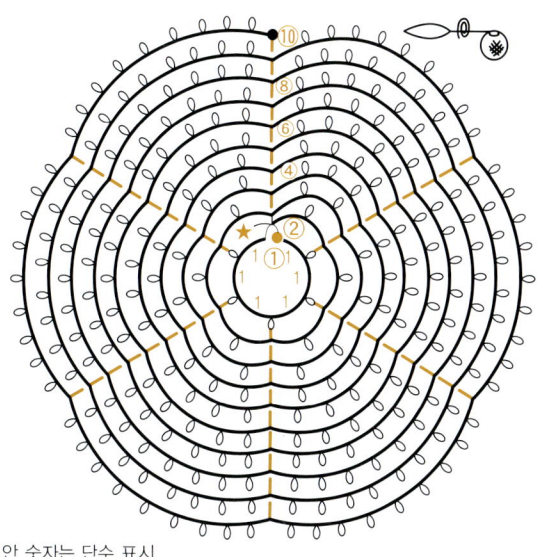

※피코는 전부 0.4cm
※피코 사이는 더블스티치 1코
※피쿠와 셔틀 연결 사이는 더블스티치 1코

※여기의 ○ 안 숫자는 단수 표시

─── 2.8cm ───

※귀걸이는 2번째 단의 피코에 비즈를 1개 넣고 뜬다.
※바레트는 2번째 단의 피코에 비즈를 3개 넣고 뜬다.

★ = 페이크 피코

### 준비물
90 모티브 : CÉBÉLIA 30번 미색(3865)…소금
90' 모티브 : BABYLO 30번 핑크믹스(62)…조금
91 모티브 : CÉBÉLIA 30번 미색(712)…조금
95 바레트 : CÉBÉLIA 30번 갈색(434)·연갈색(437)·베이지(739)…조금
스리컷비즈(2.0mm) 브론즈…54개
기타 : 자동판대 골드…1개, 폭 1cm 그로그랭리본(고동색)…9.5cm
93 귀걸이 : SPECIAL DENTELLES 80번 핑크(760)·핑크(761)…조금, 시드비즈(2.0mm)
황록색…12개
기타 : 귀걸이대(논피어싱 나사형·무광택 골드)…1세트

### 만드는 법 포인트
〈90〉 셔틀+볼실을 준비하고, 젬클립을 사용하여 뜨기 시작한다.
〈91〉 셔틀+볼실을 준비하여 뜨기 시작. 1번째 단은 링으로 뜨고, 2~3단은 브리지로 한 바퀴 뜬다.
〈93 귀걸이〉
1. 바레트를 참조하여 비즈를 꿰고, 셔틀+볼실을 준비하여 배색표를 참조하여 뜬다.
2. 귀걸이대에 모티브를 접착제로 붙인다.
※조립 방법은 46쪽 아래.
〈95 바레트〉
1. 실에 비즈를 꿰고, 셔틀에는 실만 감고, 볼실 쪽 실에 비즈를 감는다.
2. 90 모티브를 참조하여 모티브 a·b를 뜬다.
3. 자동판에 그로그랭리본을 접착제로 붙이고, 리본에 모티브를 접착제로 붙인다.
※조립 방법은 46쪽 아래.

### 95 바레트의 배색

| a | | b | |
|---|---|---|---|
| 8~10단 | 434 | 6~8단 | 739 |
| 5~7단 | 437 | 4~5단 | 437 |
| 1~4단 | 739 | 1~3단 | 434 |

### 작품을 뜨는 단수

| 90·91' | 바레트 | 귀걸이 |
|---|---|---|
| 8단 | a = 10단 | 7단 |
| | b = 7단 | |

### 93 귀걸이의 배색

| 1·3·5·7단 | 776 | 2·4·6단 | 604 |
|---|---|---|---|

---

## 91 모티브

2·3번째 단 뜨는 법  ※여기의 ○ 안 숫자는 단수 표시

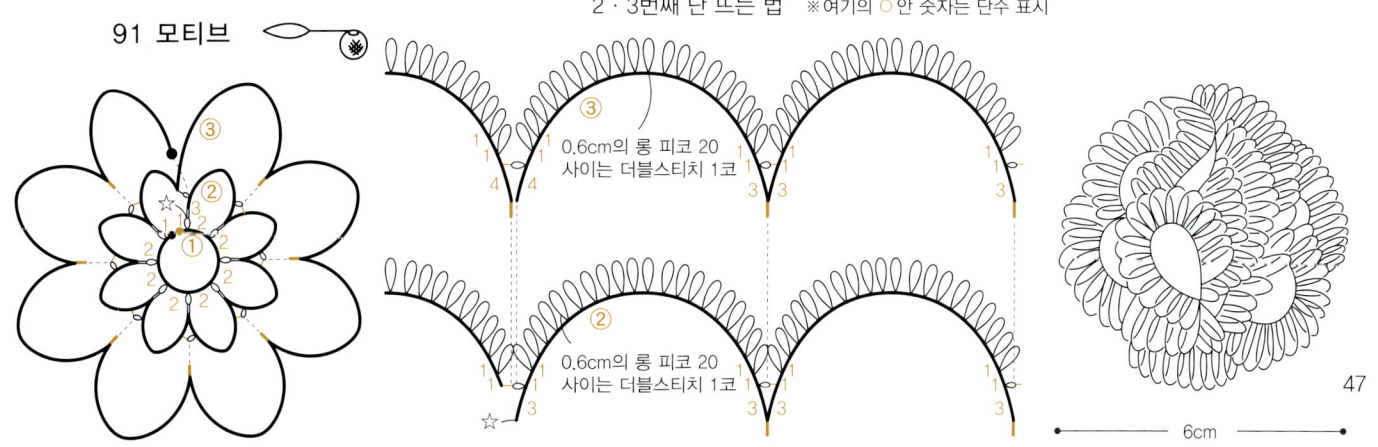

0.6cm의 롱 피코 20
사이는 더블스티치 1코

0.6cm의 롱 피코 20
사이는 더블스티치 1코

─── 6cm ───

47

# 플라워 코르사주

특별한 날, 섬세한 튈과 매혹적인 꽃 코르사주로
코디해 보세요.

96 거베라

97 스노우볼

98 장미

Knitting to 96···p.22, 97 · 98···p.50, 튈···p.55
Point lesson p.12(97)

아주 섬세한 부분까지 공들인 흔적 가득한 자그마한 코르사주.
선물로도 좋겠지요.

100 팬지

99 초롱꽃

101 수선화

Knitting to 99⋯p.20, 100 · 101⋯p.51

## 97 코르사주

photo…p.48
※틸 뜨는 법은 55쪽 참조.

준비물
CÉBÉLIA 30번 미색(3865)·미색(746)·흰색(BLANC)·올리브그린
(3364)·연한 새먼핑크(754)…조금
기타 : 브로치 핀(실버)…1개

97

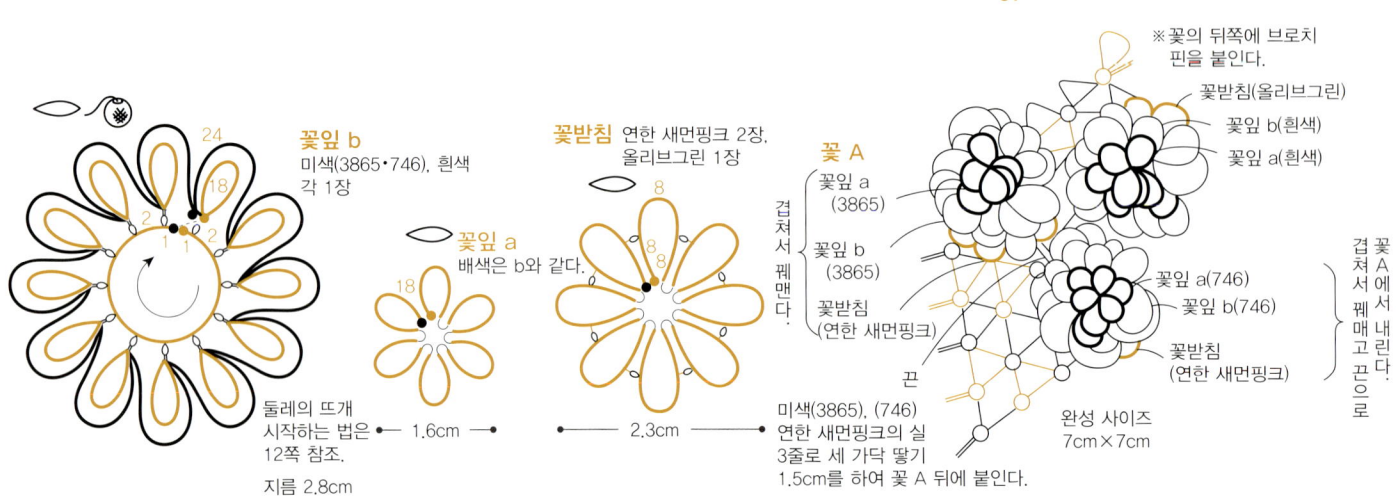

**꽃잎 b**
미색(3865·746), 흰색
각 1장

**꽃잎 a**
배색은 b와 같다.

18

둘레의 뜨개
시작하는 법은
12쪽 참조.
지름 2.8cm

← 1.6cm →

**꽃받침** 연한 새먼핑크 2장,
올리브그린 1장

8

8

8

← 2.3cm →

**꽃 A**
꽃잎 a
(3865)
꽃잎 b
(3865)
꽃받침
(연한 새먼핑크)

끈

미색(3865), (746)
연한 새먼핑크의 실
3줄로 세 가닥 땋기
1.5cm를 하여 꽃 A 뒤에 붙인다.

겹쳐서 꿰맨다.

※꽃의 뒤쪽에 브로치
핀을 붙인다.
꽃받침(올리브그린)
꽃잎 b(흰색)
꽃잎 a(흰색)

꽃잎 a(746)
꽃잎 b(746)

꽃받침
(연한 새먼핑크)

겹쳐 꽃 A에서 꿰매 내리고 끈으로

완성 사이즈
7cm×7cm

---

## 98 코르사주

photo…p.48
※틸 뜨는 법은 55쪽 참조.

준비물
CÉBÉLIA 30번 핑크(3326)…6g, 노란색(745)·올리브그린(3364)·
흰색(BLANC)…조금
기타 : 브로치 핀(실버)…1개

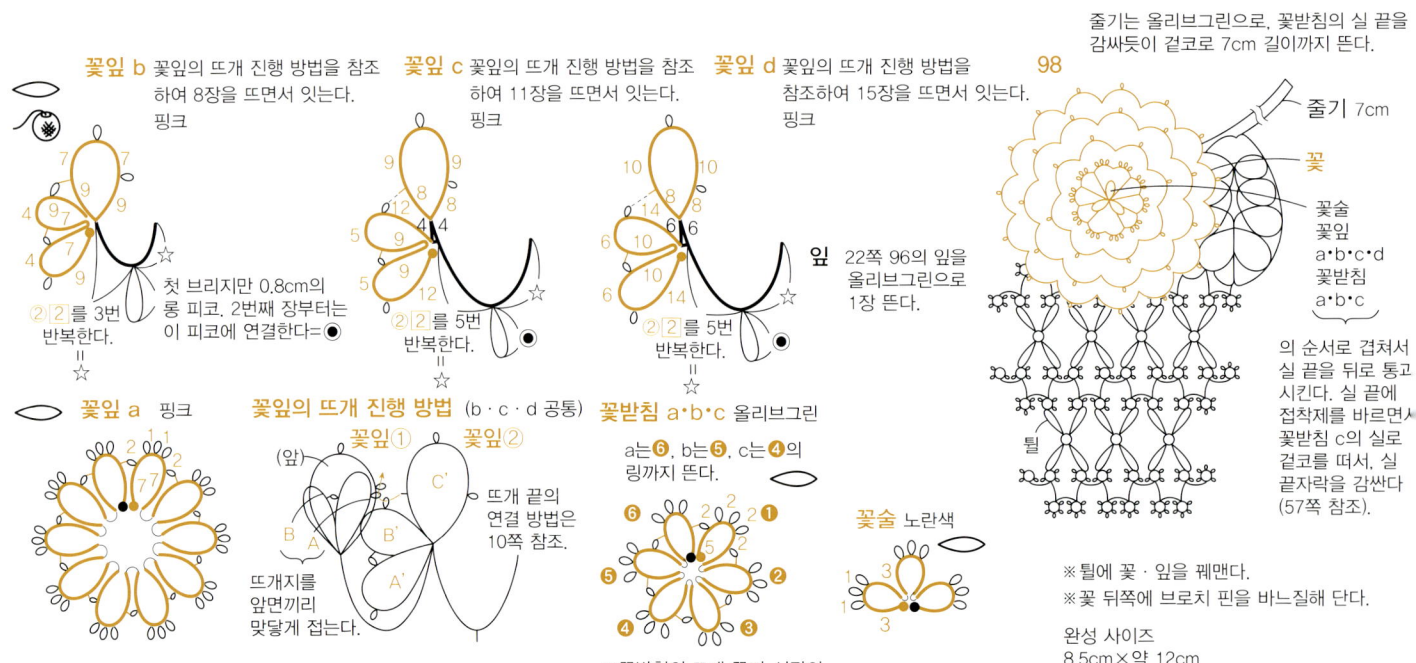

**꽃잎 b** 꽃잎의 뜨개 진행 방법을 참조
하여 8장을 뜨면서 잇는다.
핑크

7  7
4  9  9
9
4
첫 브리지만 0.8cm의
롱 피코. 2번째 장부터는
이 피코에 연결한다.=●
②②를 3번
반복한다.
=
☆

**꽃잎 c** 꽃잎의 뜨개 진행 방법을 참조
하여 11장을 뜨면서 잇는다.
핑크

9  9
0  12  8
8
5
5  4  4
12
②②를 5번
반복한다.
=
☆

**꽃잎 d** 꽃잎의 뜨개 진행 방법을
참조하여 15장을 뜨면서 잇는다.
핑크

10  10
0  14  8
8
6  6
10  10
5
5  14
②②를 5번
반복한다.
=
☆

**잎** 22쪽 96의 잎을
올리브그린으로
1장 뜬다.

**꽃잎 a** 핑크

2  2
2  1  1  2
7  7

**꽃잎의 뜨개 진행 방법** (b·c·d 공통)

꽃잎①  꽃잎②
(앞)
C'
B'
A  A'
B
뜨개지를
앞면끼리
맞닿게 접는다.

뜨개 끝의
연결 방법은
10쪽 참조.

**꽃받침 a·b·c** 올리브그린
a는 ⑥, b는 ⑤, c는 ④의
링까지 뜬다.

⑥
2  2  2  ❶
⑤  2
❷
2  ❸
❹

※꽃받침의 뜨개 끝과 시작의
실을 10cm 정도 남겨 둔다.

**꽃술** 노란색
1  3
3

줄기는 올리브그린으로, 꽃받침의 실 끝을
감싸듯이 겉코로 7cm 길이까지 뜬다.

98
줄기 7cm
꽃
꽃술
꽃잎
a·b·c·d
꽃받침
a·b·c

의 순서로 겹쳐서
실 끝을 뒤로 통과
시킨다. 실 끝에
접착제를 바르면서
꽃받침 c의 실로
겉코를 떠서, 실
끝자락을 감싼다
(57쪽 참조).

틸

※틸에 꽃·잎을 꿰맨다.
※꽃 뒤쪽에 브로치 핀을 바느질해 단다.

완성 사이즈
8.5cm×약 12cm

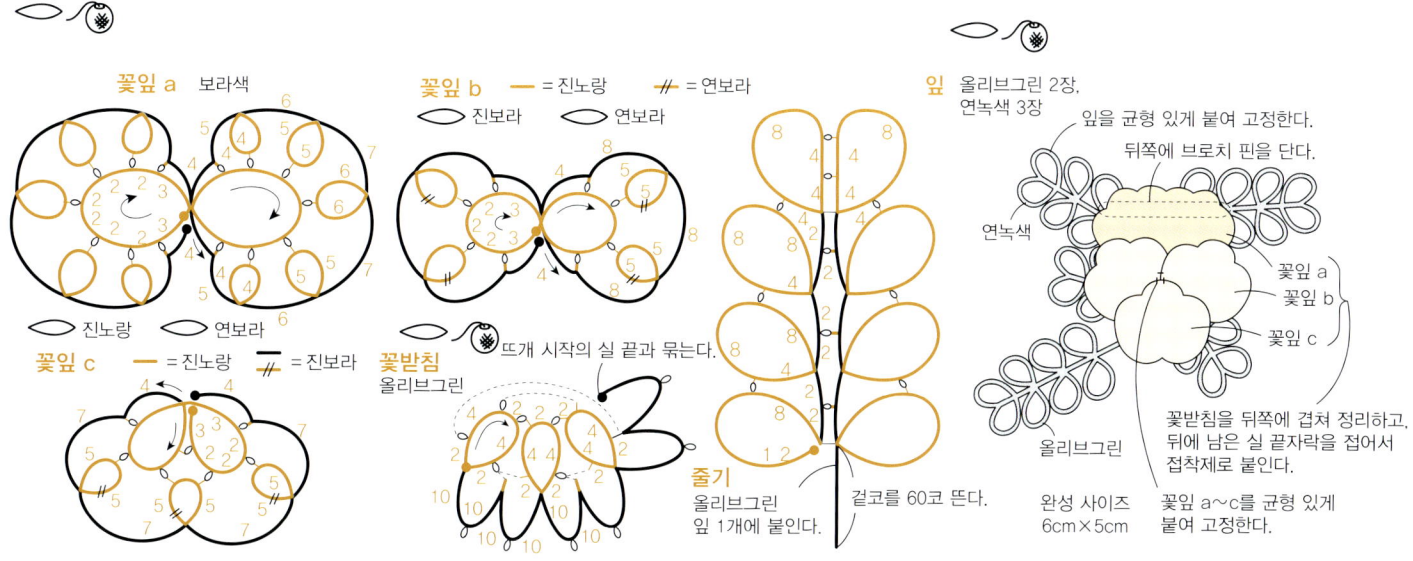

## 100 코르사주

photo…p.49

준비물
CÉBÉLIA 30번 보라색(550) · 연보라(211) · 진노랑(726) · 올리브그린
(3364) · 연녹색(989)…조금
기타 : 브로치 핀(실버)…1개

꽃잎 a    보라색

꽃잎 b    ━ = 진노랑    ╫ = 연보라
⬭ = 진보라    ⬭ = 연보라

잎    올리브그린 2장.
연녹색 3장

⬭ 진노랑    ⬭ 연보라

꽃잎 c    ━ = 진노랑    ╪ = 진보라

꽃받침
올리브그린

뜨개 시작의 실 끝과 묶는다.

줄기
올리브그린
잎 1개에 붙인다.

겉코를 60코 뜬다.

잎을 균형 있게 붙여 고정한다.
뒤쪽에 브로치 핀을 단다.

연녹색

꽃잎 a
꽃잎 b
꽃잎 c

올리브그린

꽃받침을 뒤쪽에 겹쳐 정리하고,
뒤에 남은 실 끝자락을 접어서
접착제로 붙인다.

완성 사이즈
6cm×5cm

꽃잎 a~c를 균형 있게
붙여 고정한다.

---

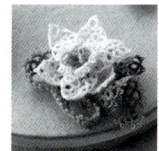

## 101 코르사주

photo…p.49

준비물
CÉBÉLIA 30번 노란색(745) · 진노랑(726) · 겨자색(3820) ·
연녹색(989)…조금
기타: 브로치 핀(실버)…1개

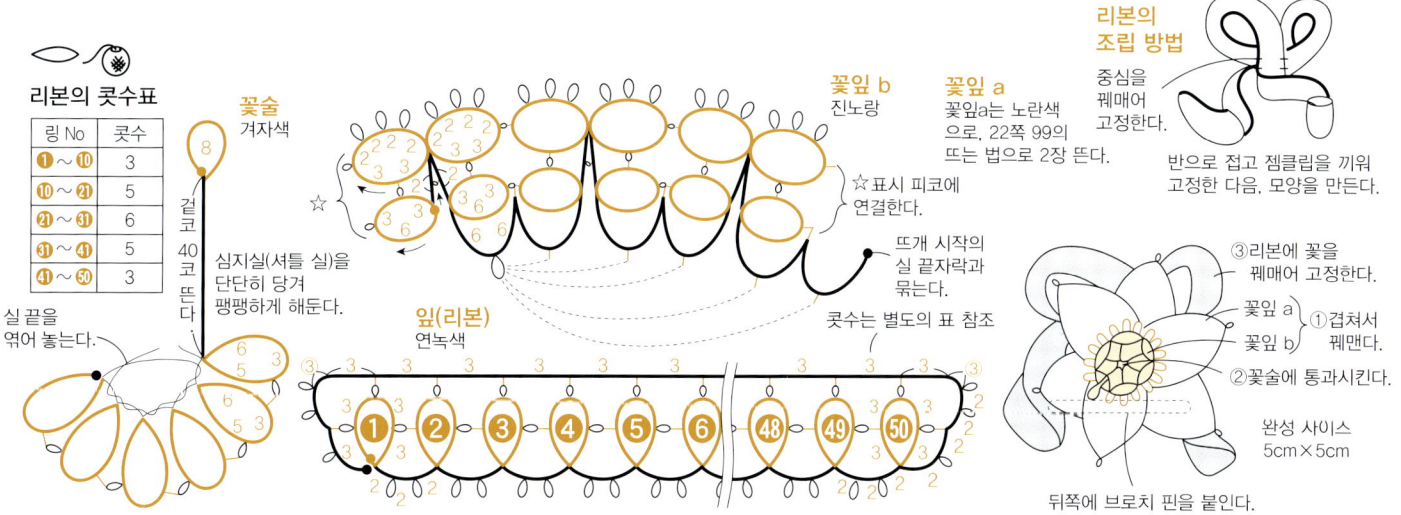

리본의 콧수표

| 링 No | 콧수 |
|---|---|
| ① ~ ⑩ | 3 |
| ⑩ ~ ㉑ | 5 |
| ㉑ ~ ㉛ | 6 |
| ㉛ ~ ㊶ | 5 |
| ㊶ ~ ㊿ | 3 |

꽃술
겨자색

겉코
40코
뜬다

심지실(셔틀 실)을
단단히 당겨
팽팽하게 해둔다.

실 끝을
엮어 놓는다.

꽃잎 b
진노랑

꽃잎 a
꽃잎a는 노란색
으로, 22쪽 99의
뜨는 법으로 2장 뜬다.

☆표시 피코에
연결한다.

뜨개 시작의
실 끝자락과
묶는다.

콧수는 별도의 표 참조

잎(리본)
연녹색

① ② ③ ④ ⑤ ⑥ ㊽ ㊾ ㊿

리본의
조립 방법

중심을
꿰매어
고정한다.

반으로 접고 젬클립을 끼워
고정한 다음. 모양을 만든다.

③리본에 꽃을
꿰매어 고정한다.

꽃잎 a    ①겹쳐서
꿰맨다.

꽃잎 b    ②꽃술에 통과시킨다.

완성 사이즈
5cm×5cm

뒤쪽에 브로치 핀을 붙인다.

## 컬러풀한 머리 장식

### 슈슈

힘이 느껴지는 강렬한 컬러로 뜬, 볼륨감 가득한 슈슈.
102 슈슈에는 하트가 숨겨져 있어요…♡

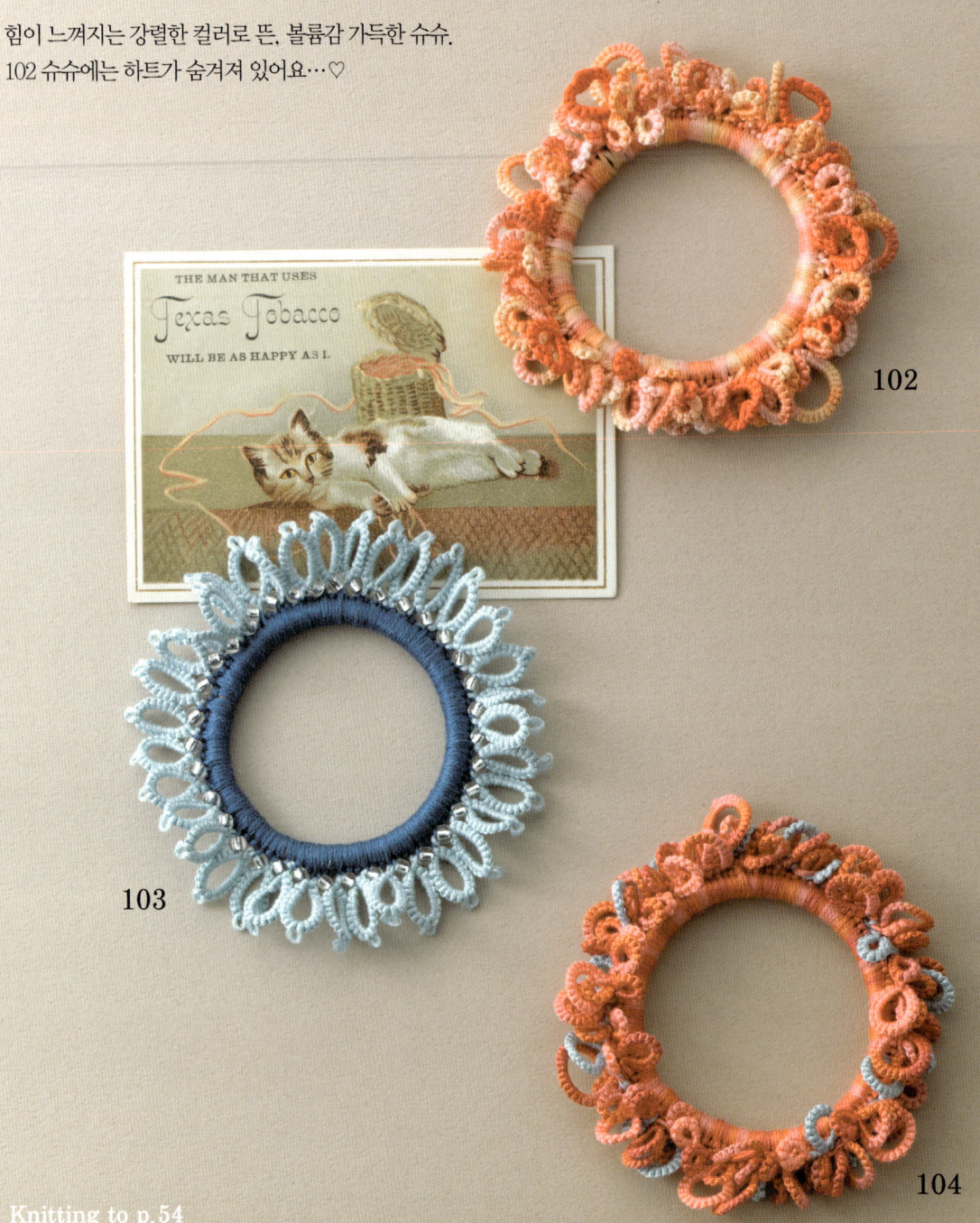

102

103

104

Knitting to p.54
Point lesson p.57(103)

# 머리끈

옅고 진한 분홍색 꽃과 파란색 꽃을 머리끈에 달았습니다.

105

106

Knitting to p.54

# 머리핀

다양한 색깔로 많이 만들어 보세요.

108

107

Knitting to p.55

## 102·103·104 슈슈

photo···p.52

준비물
102 : DMC 25번 자수실 오렌지색 믹스(4120)···4타래, 빨간색(3801)···1타래
기타 : 머리끈···1개
103 : DMC 25번 자수실 하늘색(3760)···2타래, 파란색(3842)···1타래
시드비즈(4mm) 실버···36개
기타 : 머리끈···1개
104 : DMC 25번 자수실 빨간색 믹스(4200)···3타래, 핑크(3706)·블루(3761)···각 1타래
기타 : 머리끈···1개

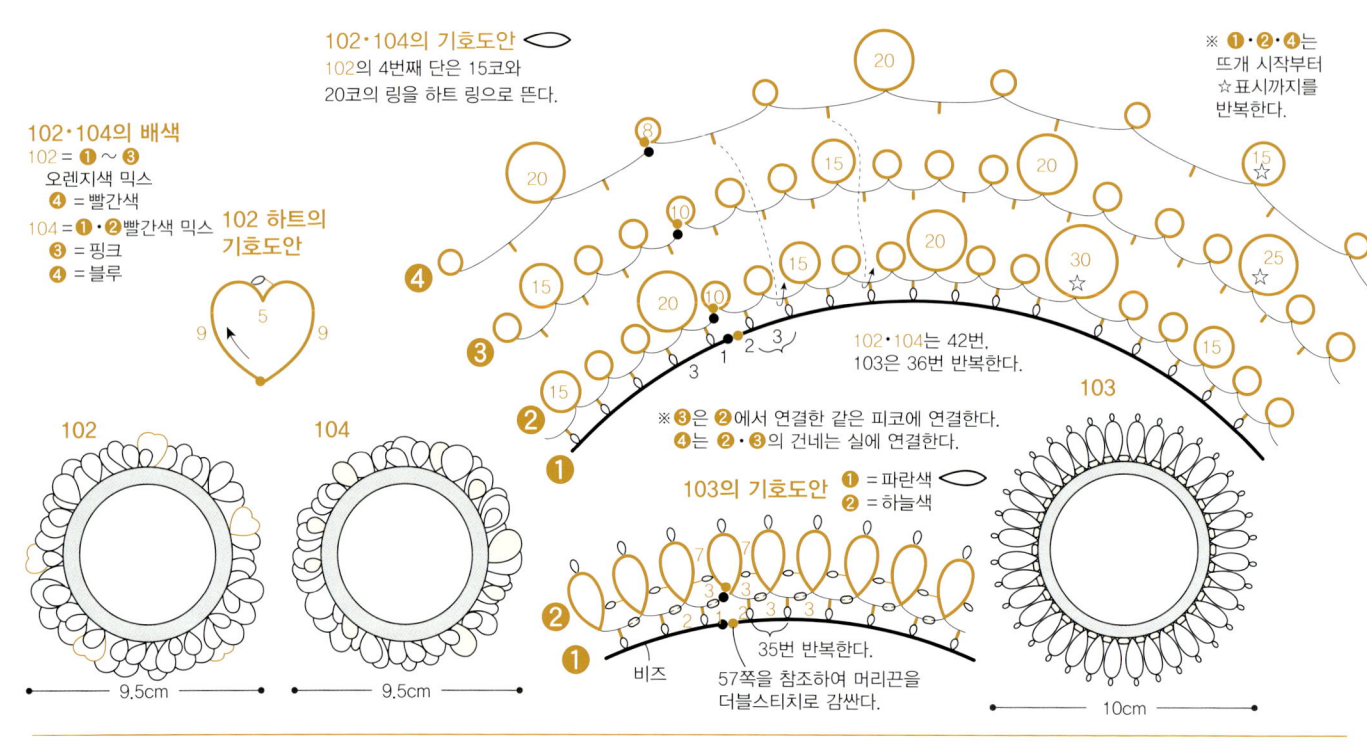

**102·104의 기호도안**
102의 4번째 단은 15코와
20코의 링을 하트 링으로 뜬다.

※ ❶·❷·❹는 뜨개 시작부터 ☆표시까지를 반복한다.

**102·104의 배색**
102 = ❶ ~ ❸
오렌지색 믹스
❹ = 빨간색
104 = ❶·❷ 빨간색 믹스
❸ = 핑크
❹ = 블루

**102 하트의 기호도안**

**102·104는 42번, 103은 36번 반복한다.**

※ ❸은 ❷에서 연결한 같은 피코에 연결한다.
❹는 ❷·❸의 건네는 실에 연결한다.

**103의 기호도안**
❶ = 파란색
❷ = 하늘색

**102** — 9.5cm

**104** — 9.5cm

비즈
35번 반복한다.
57쪽을 참조하여 머리끈을
더블스티치로 감싼다.

**103** — 10cm

---

## 105·106 머리끈

photo···p.53

준비물
105 : CÉBÉLIA 30번 연분홍(818)·핑크(3326)·연녹색(989)···조금
기타 : 머리끈···1개
106 : CÉBÉLIA 30번 그레이(318)···조금, 시드비즈(2.0mm) 블루···144개
기타 : 머리끈···1개

**106 모티브**
3장

비즈

❶의 모티브는 실 끝을 묶는다.

**꽃 A** 핑크
**꽃 B** 연분홍
각 10개

실 끝을 묶어 2cm 남기고 자른다.

**모티브 조립 방법**

❶의 모티브에 ❷의 모티브를 통과시켜 실 끝을 묶는다.

❶·❷의 모티브에 ❸의 모티브를 통과시켜 실 끝을 묶는다.

**105**
꽃의 뒤쪽에 머리끈을 꿰매어 단다.

하나로 만들어 붙여 다 접착제로

꽃 A
꽃 B

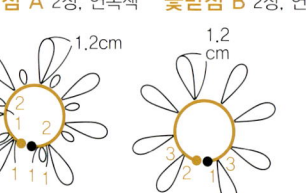

**꽃의 조립 방법 (꽃 A, B 공통)**

② 중심에 꽃을 3개 통과시킨다.
꽃받침 A의 피코(小)에 꽃을 1개씩 통과시킨다.

③ 꽃받침의 뿌리 쪽에서 실 끝을 묶고 접착제로 굳힌다.

**꽃받침 A** 2장. 연녹색 — 1.2cm

**꽃받침 B** 2장. 연녹색 — 1.2cm

꽃받침 A
꽃받침 B
①꽃받침 B 위에 꽃받침 A를 겹친다.

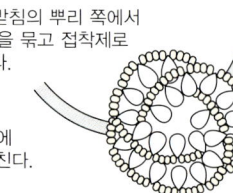

뒤쪽에 머리끈을 바느질해 단다.

3.6cm

3.6cm

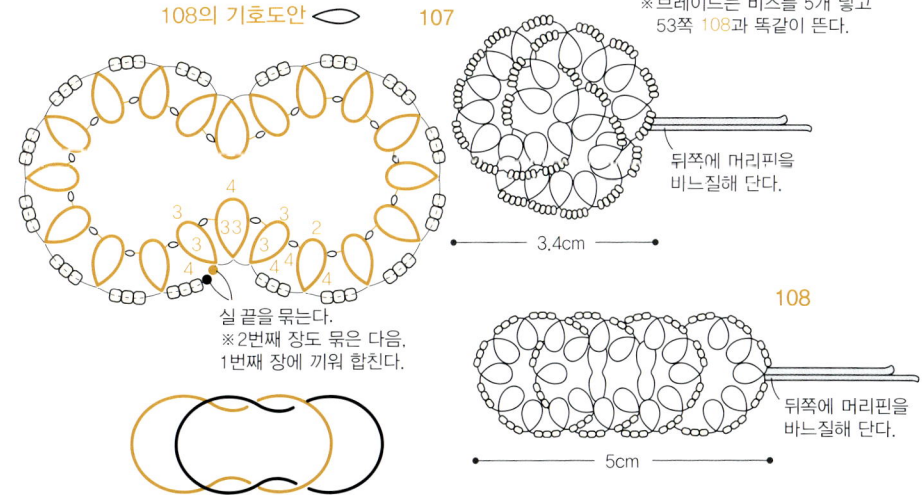

## 107·108 머리핀

photo…p.53

**준비물**

107 : CÉBÉLIA 30번 와인색(816)…
조금, 스리컷비즈(2.0mm)
빨간색…180개
기타 : 머리핀…1개
108 : CÉBÉLIA 30번 그레이(318)…
조금, 시드비즈(2.0mm) 핑크…96개
기타 : 머리핀…1개

108의 기호도안   107

※브레이드는 비즈를 5개 넣고
53쪽 108과 똑같이 뜬다.

4
3 3 3
3
4

실 끝을 묶는다.
※2번째 장도 묶은 다음,
1번째 장에 끼워 합친다.

뒤쪽에 머리핀을
비느질해 단다.

3.4cm

108

뒤쪽에 머리핀을
바느질해 단다.

5cm

---

## 37·38 귀걸이

photo…p.21

**준비물**

37 : SPECIAL DENTELLES 80번 미색(ECRU)…조금, 시드비즈
(1.5mm) 블루…12개
기타 : 귀걸이 후크(실버)…1세트
38 : Diamant 흰색(D5200)…조금, 시드비즈(2.0mm) 블루…24개
기타 : 귀걸이 후크(실버)…1세트

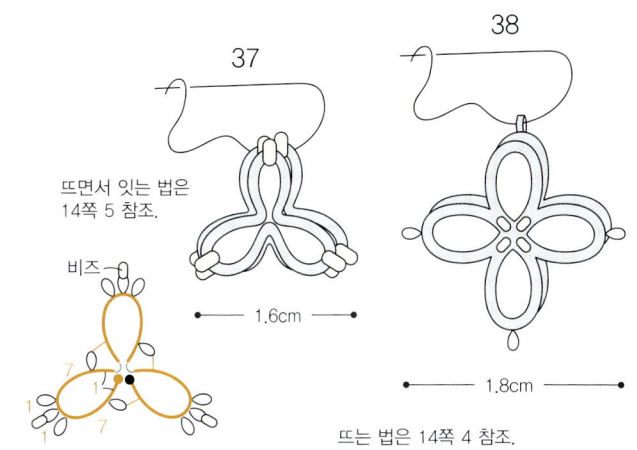

37                    38

뜨면서 잇는 법은
14쪽 5 참조.

1.6cm

1.8cm

비즈

7
1
1   7
1

뜨는 법은 14쪽 4 참조.

---

## 코르사주 96~98의 틸

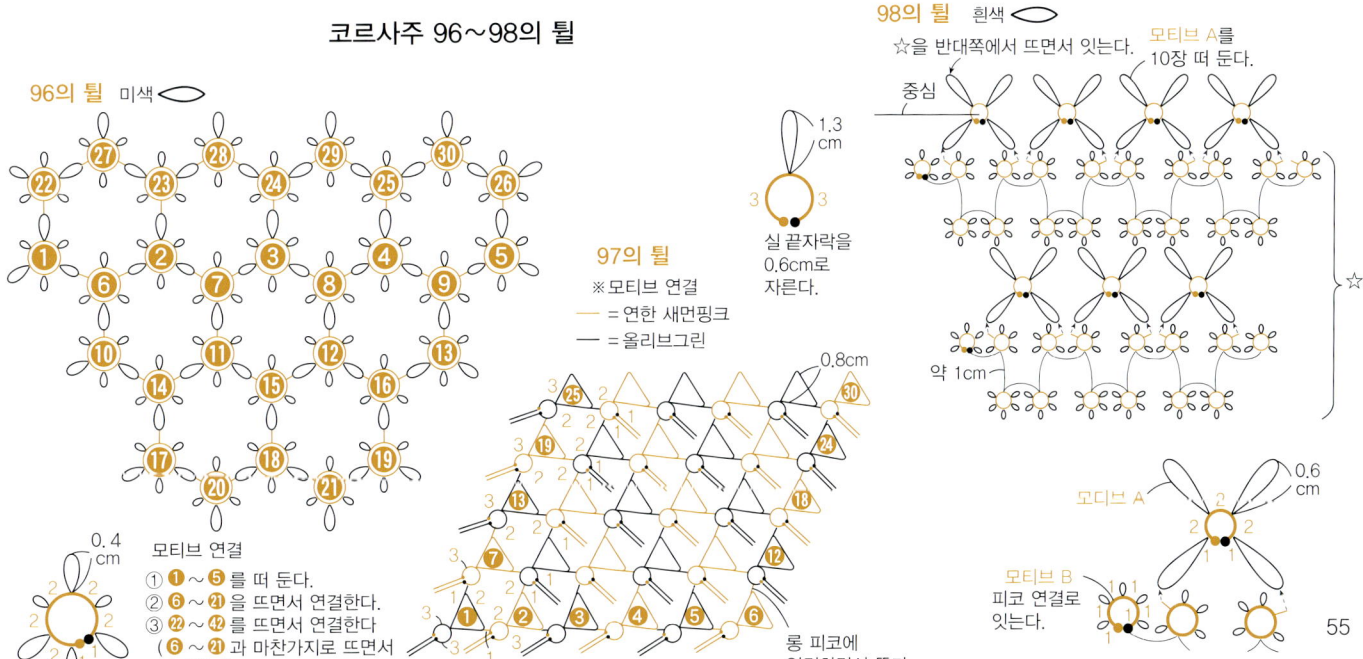

96의 틸  미색

22 27 28 29 30
23 24 25 26
1 2 3 4 5
6 7 8 9
10 11 12 13
14 15 16
17 18 19
20 21

0.4 cm

**모티브 연결**
① 1 ~ 5 를 떠 둔다.
② 6 ~ 21 을 뜨면서 연결한다.
③ 22 ~ 42 를 뜨면서 연결한다
( 6 ~ 21 과 마찬가지로 뜨면서
연결한다).

97의 틸
※모티브 연결
— = 연한 새먼핑크
— = 올리브그린

0.8cm

25 30
19 24
13 18
12

롱 피코에
연결하면서 뜬다.

98의 틸  흰색
☆을 반대쪽에서 뜨면서 잇는다.

모티브 A를
10장 떠 둔다.

중심

1.3 cm

3   3

실 끝자락을
0.6cm로
자른다.

약 1cm

☆

0.6 cm

모티브 A

2   2
2   1   2

모티브 B
피코 연결로
잇는다.

1 1 1
1 1

55

Your choice for
a sweet afternoon...

...Tatting Lace Accessories

## 88 입체 피코

photo···p.44

※브리지는 셔틀 b, 링은 셔틀 a로 뜬다.

### ●중심의 입체 플라워 뜨는 법

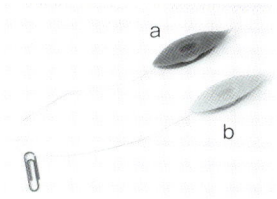 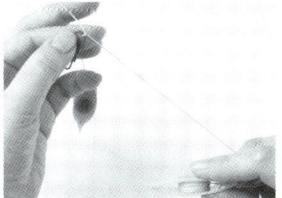 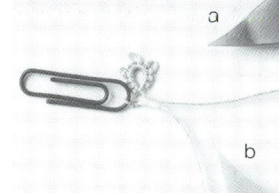 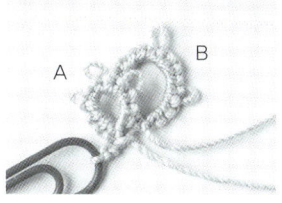

**1** 셔틀 a·b에 실을 감고, 뜨개 시작 위치에 젬클립을 끼운다.

**2** 셔틀 a를 왼손에 걸고, 셔틀 b로 더블스티치 1코를 뜬다.

**3** 셔틀 b를 쉬어 두고, 셔틀 a로 A링을 뜬다.

**4** 셔틀 b로 더블스티치 1코, 셔틀 a로 B링을 뜬다.

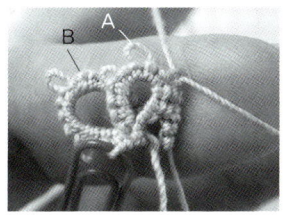 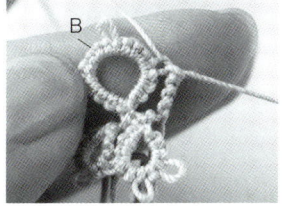 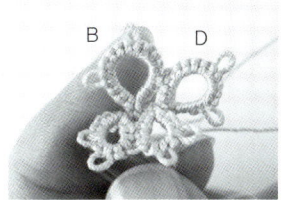 

**5** C링은 더블스티치 4코를 뜨고 나서, A링에 피코 연결로 잇는다.

**6** D링은 더블스티치 4코를 뜨고 나서, B링에 피코 연결로 잇는다.

**7** D링까지 뜬 모습.

**8** 2~7을 참조하여 P링까지 뜬다. 뜨개 끝은 뜨개 시작의 젬클립을 빼고, 실 끝을 통과시켜서 묶는다.

## 103 슈슈

photo···p.52

### ●머리끈을 감싸면서 뜨는 법

 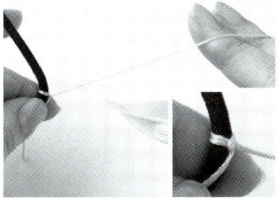  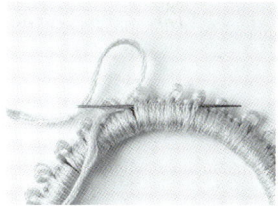

**1** 머리끈에 실 끝을 겹쳐서 왼손으로 잡는다.

**2** 머리끈에 셔틀 실을 연결하는 것처럼 하여 안코 1코를 뜬다. 이어서 겉코 1코를 뜬다(오른쪽 아래 사진). 이 작품은 안코 1코, 겉코 1코를 더블스티치 1코로 센다.

**3** 시작은 「더블스티치 2코, 피코」, 그 다음부터는 「더블스티치 3코, 피코」를 35번 반복하고, 더블스티치 1코를 떠서 한 바퀴를 뜬다.

**4** 뜨개 끝은 실 끝을 뜨개코에 통과시켜 실 끝을 바짝 자르고, 실 정리를 한다.

### ●프릴을 뜬다.

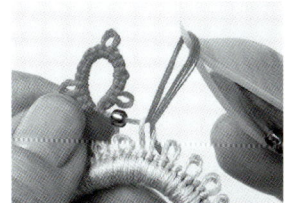   

**1** 셔틀에 비즈를 36개 꿰어 둔다. 「링을 뜨고, 비즈를 뿌리 쪽으로 보낸다. 피코에서 셔틀로 실을 당겨 빼서 루프를 만든다」.

**2** 루프에 셔틀을 통과시켜 실을 조인다(셔틀 연결).

**3** 1·2를 반복하여 링을 36개 이으면서 한 바퀴를 뜨고, 뜨개 끝에는 비즈를 넣는다.

**4** 실 끝을 묶고, 실 끝을 정리한다(9쪽 참조).

## 47 알파벳
photo…p.28

### B 뜨는 법

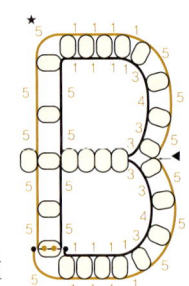

= 셔틀 a로 뜬다.
= 셔틀 b로 뜬다.

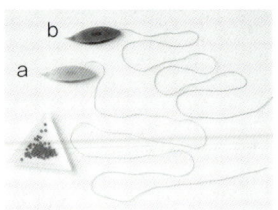

**1** 셔틀 a·b에 모티브의 브리지 사이즈+20~30cm 정도의 실을 감고, 실 끝을 100cm 정도 남기고 자른다. (비즈 26개를 준비한다. 도안의 ●표시가 뜨개 시작 위치가 된다).

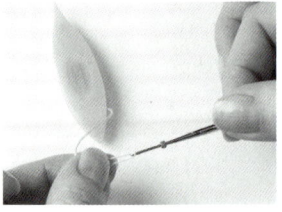

**2** 레이스 바늘에 비즈를 끼우고, 셔틀 a의 뜨개 시작 위치의 실을 바늘 끝에 건다.

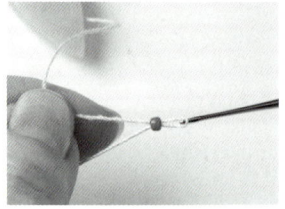

**3** 비즈를 실 쪽으로 보낸다.

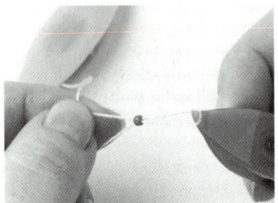

**4** 루프에서 레이스 바늘을 빼고, 셔틀 b를 통과시킨다.

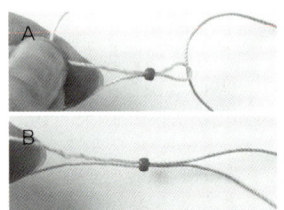

**5** 셔틀 b의 실이 꿰어진 상태(A). 셔틀 a·b의 실을 양손으로 잡고 당겨서, 비즈를 실의 교차점에 위치시킨다(B).

※ 「셔틀 a로 바깥쪽 브리지를 뜨고, 뜨개지를 뒤집어 셔틀 b로 안쪽 브리지를 뜬다」 를 반복하여, 병행하여 뜨개를 진행한다.

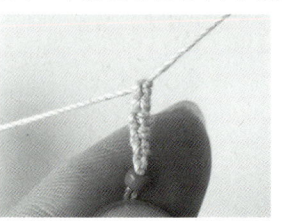

**6** 셔틀 a로 더블스티치 6코(비즈에 들어가는 1코+5코)를 뜬다.

**7** 뜨개지를 바꿔 잡고, 뒤를 보고 셔틀 b로 더블스티치 6코(비즈에 들어가는 1코+5코)를 뜬다.

### ●비즈 넣고 뜨는 법

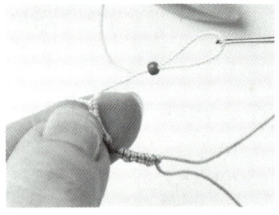

**8** 사진 2·3을 참조하여 셔틀 a의 실에 비즈를 꿴다.

**9** 8에서 생긴 루프에 셔틀 b를 통과시킨다. 셔틀 a·b의 심지실을 당겨 조인다.

**10** 셔틀 a로 더블스티치 5코를 뜨고, 뜨개지를 뒤집어 셔틀 b로 더블스티치 5코를 뜬다.

**11** 8·9를 참조하여 비즈를 셔틀 a의 뜨는 실로 통과시켜 떠 넣는다.

### ●브리지 바깥쪽에 비즈를 넣고 뜬다

**12** 뜨는 실에 비즈를 각각 꿴다.

**13** 셔틀 a·b로 각각 더블스티치 5코를 뜬다.

### ●모서리 뜨는 법

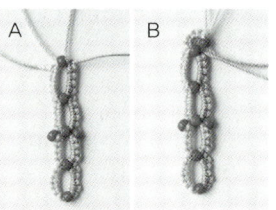

**14** 모서리(★) 직전까지 뜬다(A). 셔틀 a로 더블스티치 5코를 뜨고, 비즈를 떠 넣는다(B).

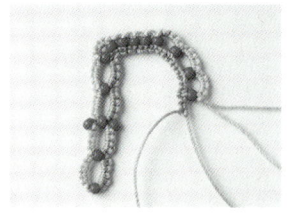

**15** 기호도안에 따라 비즈 바 위치(▼)까지 뜬다.

●비즈 바 만드는 법

**16** 비즈 바늘을 사용하여 셔틀 b 의 뜨는 실에 비즈 3개를 끼운다.

**17** ☆표시 비즈에 실 끝을 통과시 킨다.

**18** 비즈 3개에 뜨는 실을 꿰고 되 돌아온다.

**19** 셔틀 b로 더블스티치 3코를 뜨 고, 비즈를 떠 넣는다.

●뜨개 끝

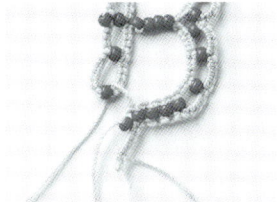

**20** 기호도안에 따라 뜨개 끝까지 뜬다. 셔틀 b의 실 끝(뜨는 실)을 뜨 개 시작에 통과시킨다.

**21** 심지실과 실 끝을 묶어 실 끝 정리를 한다.

**22** 셔틀 a의 실 끝(뜨는 실)을 뜨개 시작에 통과시키고, 심지실과 묶어 실 끝 정리를 한다.

**23** 모양을 다듬어 완성한다.

---

**I 뜨는 법**

```
           b  1 1
         ┌─────────┐
         │ ○○○ │
         │  ○  │
       a │  ○  │
         │  ○  │
         │ ○○○ │
         └─────────┘
           b' 1 1
```

─=셔틀 a로 뜬다.
━=셔틀 b로 뜬다.

a · b ( b' )는 셔틀 a · b에 20cm 정도 실을 감고, 30cm 정도 실 끝을 남기 고서 준비하여 뜨기 시작. B 모티브 를 참조하여 기호도안에 따라 비즈를 넣으면서 뜬다.

●기호도안 안의 b · b' 뜨는 법

실을 연결한다

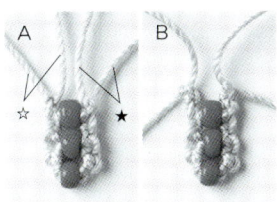

**1** 뜨개 끝은 ☆·★을 같은 기호끼 리 묶고(A). 9쪽을 참조하여 실 끝을 정리한다(B).

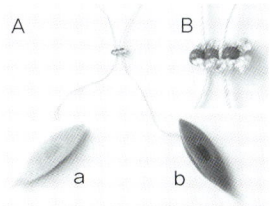

**2** b에 셔틀 a, 셔틀 b의 실을 통과 시킨다. 셔틀 a·b는 셔틀에 20cm 정 도 실을 감고, 실 끝은 30cm 정도 남 긴다(A). B는 확대한 모습.

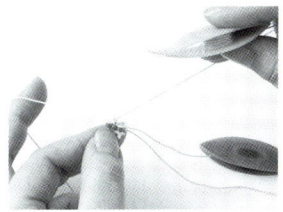

**3** 셔틀 a로 더블스티치 1코를 뜬다.

●뜨개 끝

**4** 뜨개지를 뒤집어 셔틀 b로 더블 스티치 1코를 뜨고, B 모티브의 뜨는 법을 참조하여 기호도안에 따라 뜬 다.

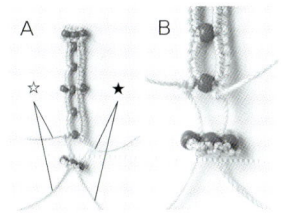

**5** 심지실의 실 끝 1가닥씩을 b'에 통과시키고, ☆·★을 같은 기호끼리 묶는다(A). B는 확대한 모습.

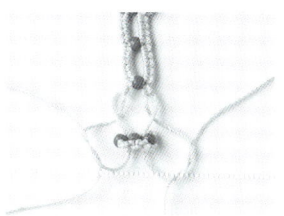

**6** 남은 실 끝을 뒤쪽으로 통과시키 고, ☆·★을 같은 기호끼리 묶은 모 습.

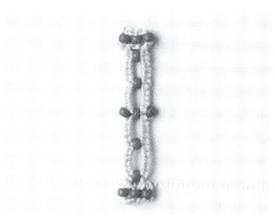

**7** 실 끝을 정리하고, 모양을 다듬어 완성한다.

## 피코 플라워 89 모티브, 92 코르사주

photo···p.44,45

point lesson···p.8~10

**준비물**

89 모티브 : CÉBÉLIA 30번 미색(3865)·연베이지(ECRU)···조금
기타 : 레이스 바늘 2호
92 코르사주 : CÉBÉLIA 30번 연베이지(ECRU)·연한 새먼핑크
(754)·진한 새먼핑크(352)···조금
기타 : 폭 4cm 그로그랭리본(미색)···15cm, 브로치 핀(골드)···1개

**만드는 법 포인트**

〈89 모티브〉

1. 셔틀+볼실을 준비하고, 1번째 단은 젬클립을 사용하여 뜨기 시작한다.

2. 주위의 브리지 8단은 1번째 단의 롱 피코를 레이스 바늘로 2번 비틀어 셔틀 연결을 한다.

3. 둘레는 링 뜨기와 브리지를 셔틀 연결로 꽃 모티브에 연결하면서 뜬다.

〈92 코르사주〉

1. 모티브는 89를 참조하여 뜬다.

2. 그로그랭리본으로 바탕의 리본을 만들고, 모티브와 브로치 핀을 바느질로 고정한다.

**89**

※피코 사이는 더블스티치 1코.
※피코와 셔틀 연결 사이는 더블스티치 2코.

**중심 모티브**

**피코 길이**

| 7~9단 | 0.4cm |
|---|---|
| 4~6단 | 0.3cm |
| 2~3단 | 0.2cm |
| 1단 | 0.6cm |

(미색)

중심 모티브의 9번째 단

(연베이지) (미색)

7.5cm

3.5cm

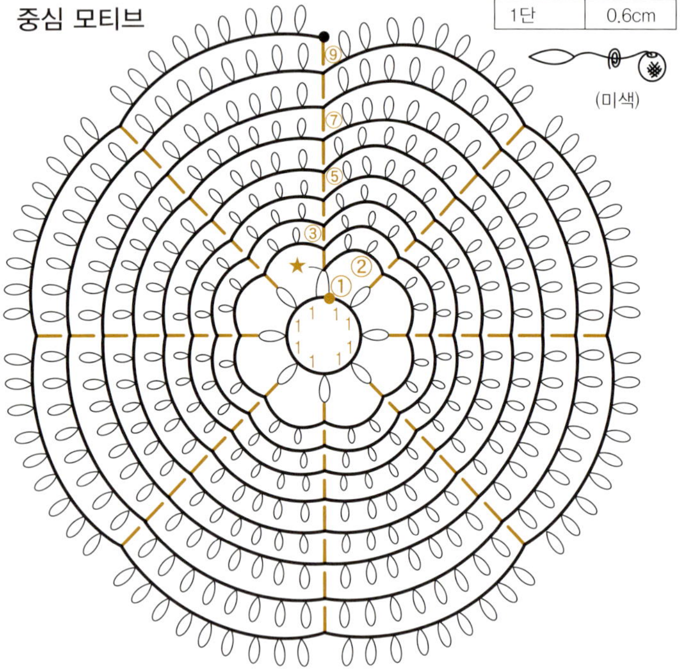

※여기의 ○ 안의 숫자는 단수 표시.

①3겹이 되도록 접어서 바느질한다.

7 cm

**리본 만드는 법**

1.2cm

②접어서 바느질한다.

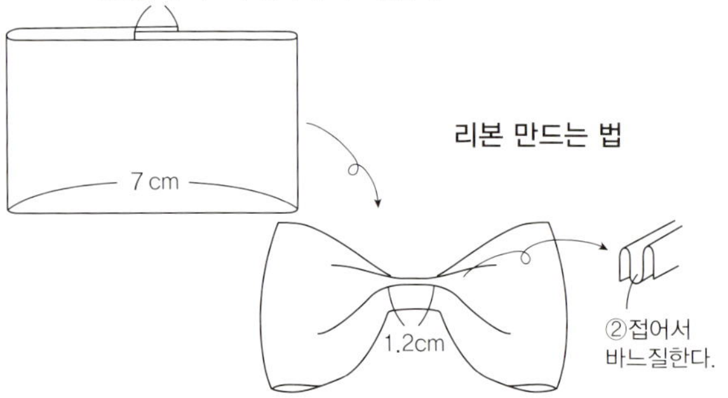

## 92 코르사주 조립하기

뒤쪽에 브로치 핀을 단다.

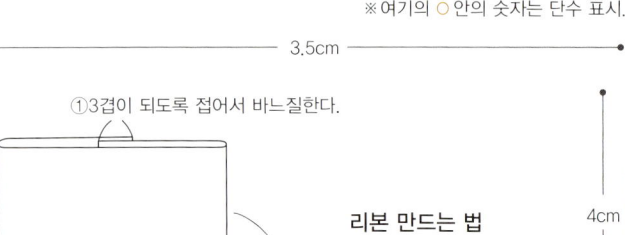

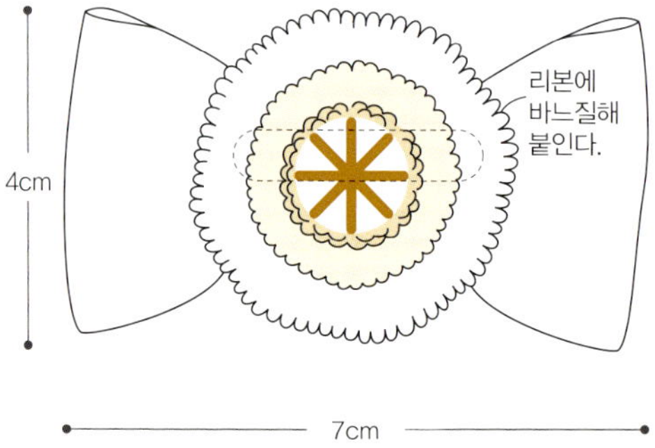

리본에 바느질해 붙인다.

4cm

7cm

**코르사주의 배색과 피코 길이**

| 단수 | 배색 | 피코 길이 |
|---|---|---|
| 9 | 미색 | 0.4cm |
| 8 | | |
| 7 | | |
| 6 | 754 | 0.3cm |
| 5 | | |
| 4 | | |
| 3 | 352 | 0.2cm |
| 2 | | |
| 1단 | | 0.6cm |

## 알파벳 U·V·W·X·Y·Z, 48 와펜, 49 브로치

photo…p.28,29

photo…p.28,29

### 준비물

알파벳 U·V·W·X·Y·Z
(공통) : Diamant 핑크(D316)…조금
(공통) : 시드비즈(2.0mm) 실버
U…20개, V…16개, W…22개, X…16개, Y…14개, Z…19개
기타 : 레이스 바늘 12호

### 48 와펜

Diamant 빨간색(D321)…조금
시드비즈(2.0mm) 골드
H…22개, A…18개, P…19개, Y…14개
기타 : 레이스 바늘 12호, 비즈 바늘, 접착제
※H·A의 뜨는 법은 30쪽, P는 31쪽 참조.

### 49 브로치

(공통) : Diamant 브론즈(D140)…조금
시드비즈(2.0mm) : M 검은색…22개, T 메탈릭…15개
기타 : 폭 4cm 그로그랭리본(레드)·폭 0.8cm 그로그랭리본
(네이비)…각 10cm, 브로치 핀(앤틱실버)…1개,
레이스 바늘 12호
※M·T의 뜨는 법은 31쪽 참조.

### 기호도안 보는 법   ※뜨는 법은 58~59쪽 참조.

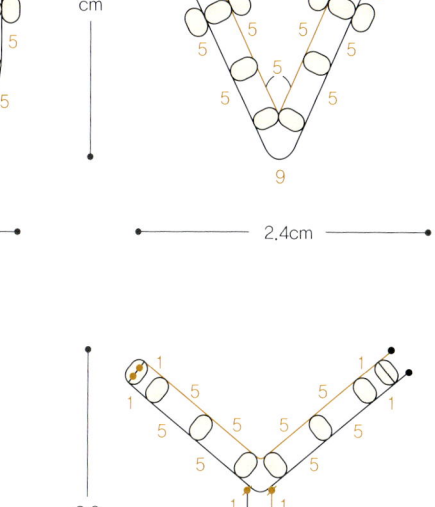

= 뜨개 시작

= 뜨개 끝

양옆에
비즈를
넣고 뜬다.

= 실을 연결한다.

100cm
100cm
U~Z에 공통

### 만드는 법 포인트

셔틀 a, 셔틀 b를 준비하고, 비즈를 넣으면서 좌우 브리지를
번갈아 뜬다(58~59쪽 참조).

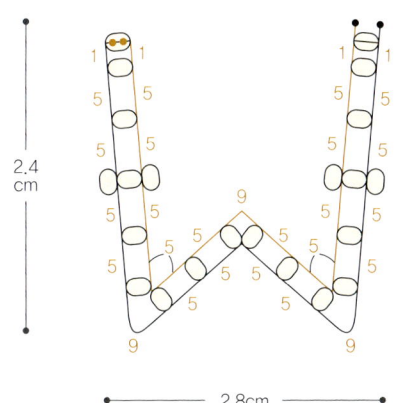

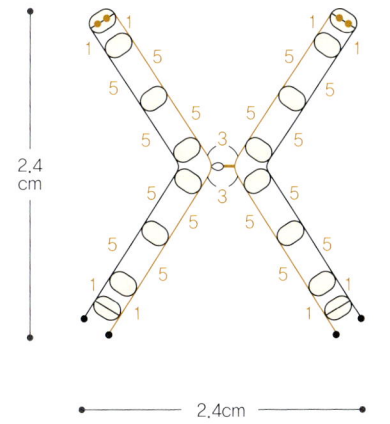

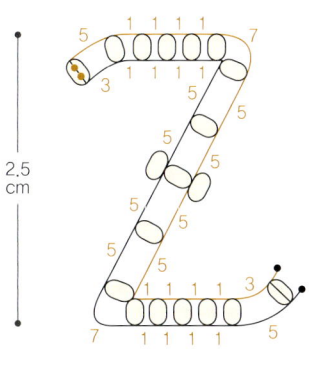

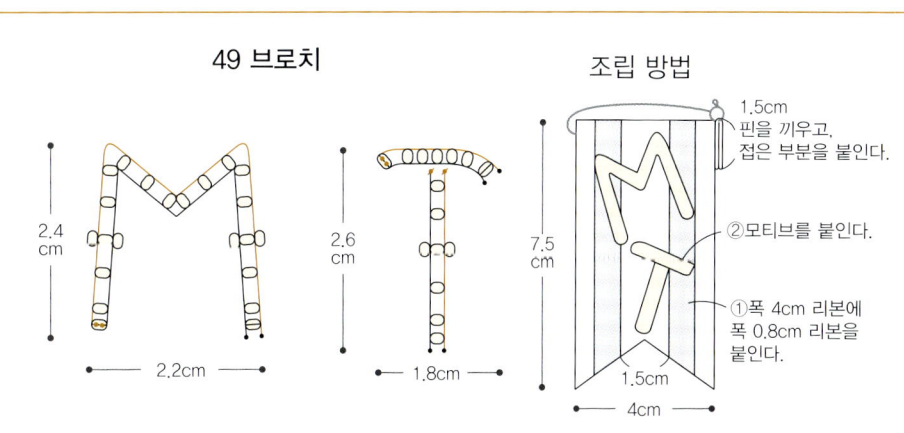

### 49 브로치

### 조립 방법

1.5cm
핀을 끼우고,
접은 부분을 붙인다.

②모티브를 붙인다.

①폭 4cm 리본에
폭 0.8cm 리본을
붙인다.

61

## 1·2·3·4·5·6 입체 모티브

photo···p.14

준비물

1 : CÉBÉLIA 30번 미색(3865)···조금
2 : CÉBÉLIA 30번 흰색(BLANC)···조금,
글라스 커팅비즈(3mm) 핑크···7개
3 : CÉBÉLIA 30번 미색(3865)···조금
4 : CÉBÉLIA 30번 흰색(BLANC)···조금, 시드비즈(1.5mm)
핑크···24개
5 : CÉBÉLIA 30번 미색(3865)···조금
6 : CÉBÉLIA 30번 미색(3865)···조금, 시드비즈(1.5mm)
골드···12개

만드는 법 포인트

〈1·2〉
1. 꽃 모티브를 2장 뜬다.
2. 세로로 진행하는 방법으로 A를 뜨면서 꽃 모티브에 연결한다.
2는 셔틀에 비즈를 감아 두고, 세로로 실을 건넬 때 넣고 뜬다(11쪽 참조).
〈3·4〉
4는 셔틀에 비즈를 감고, 링 사이에 1개씩 넣고 뜬다(11쪽 참조).
〈6〉
셔틀에 비즈를 감고, 링 사이에 1개씩 넣고 뜬다(11쪽 참조).

### 1 · 2

모티브 연결
※ 위아래의 꽃 모티브를
먼저 떠 두고, 그 사이
비즈 넣은 브레이드
(A)에서 연결한다.

A

비즈를
넣고 뜬다.

뜨개 시작과
실 끝을 묶는다.

← 1.7cm →

### 3 · 4

모티브 연결
※ ❶~❻ 순서로
뜨면서 잇는다.

❶의 ☆에
연결한다.

❶의 ★에
연결한다.

← 1.8cm →

### 5 · 6

모티브 연결
※ ❶~❹ 순서로
뜨면서 잇는다.

ピース

❶의 ☆에
연결한다.

❶의 ★에
연결한다.

❸의 ▲에
연결한다.

← 1.8cm →

← 2cm →

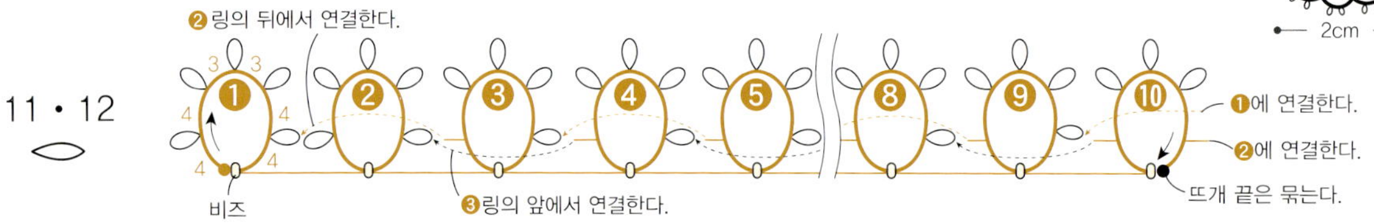

### 11 · 12

❷ 링의 뒤에서 연결한다.

❶에 연결한다.
❷에 연결한다.
뜨개 끝은 묶는다.

비즈

❸ 링의 앞에서 연결한다.

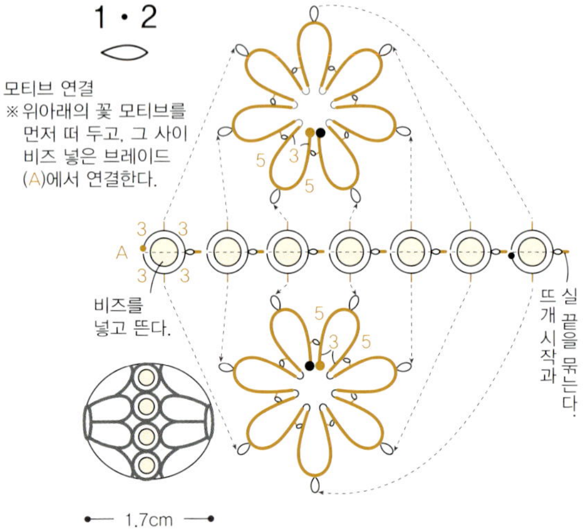

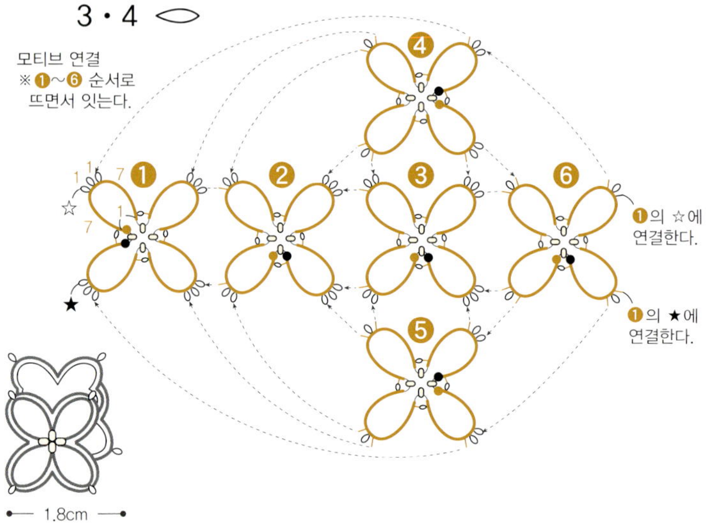

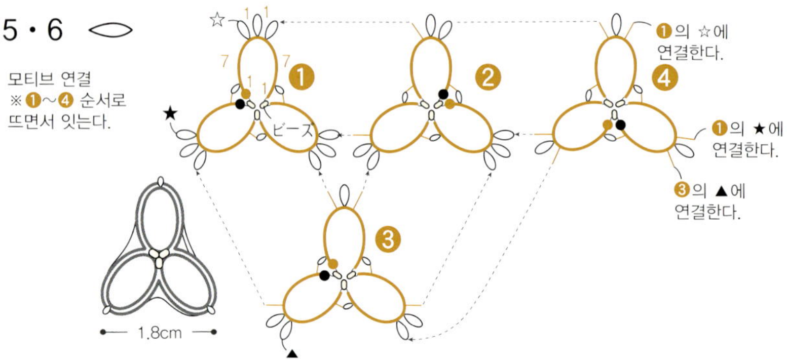

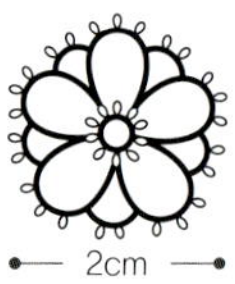

## 7·8·9·10·11·12·13·14 입체 모티브

photo…p.15

준비물

7 : SPECIAL DENTELLES 80번 흰색(B5200)…조금
8 : SPECIAL DENTELLES 80번 흰색(B5200)…조금,
시드비즈(1.5mm) 핑크…48개
9 : CÉBÉLIA 30번 미색(3865)…조금
10 : CÉBÉLIA 30번 흰색(B5200)…조금, 시드비즈(1.5mm) 핑크…10개
11 : CÉBÉLIA 30번 흰색(B5200)…조금
12 : CÉBÉLIA 30번 흰색(B5200)…조금, 시드비즈(1.5mm) 핑크…10개
13 : SPECIAL DENTELLES 80번 흰색(B5200)…조금
14 : SPECIAL DENTELLES 80번 흰색(B5200)…조금,
시드비즈(1.5mm) 핑크…44개

만드는 법 포인트

〈8〉
셔틀에 비즈를 감아 두고, 링을 뜨고 그 다음 링을 뜰 때 비즈를 뿌리 쪽으로 보내서 떠 넣는다.

〈9·10〉
1. 바깥쪽 링, 안쪽 링의 순으로 뜨고, 2번째 장 모티브는 앞면이 겉으로 나오도록 피코 연결로 잇는다.
2. 10은 셔틀에 비즈를 감고, 안쪽 링을 뜰 때 왼손 실의 원 안으로 비즈를 1개씩 보낸다.

〈11·12〉
1. ❶·❷링을 뜨고, ❸링부터는 홀수 링은 링 뒤쪽에서, 짝수 링은 앞쪽에서 연결한다.
2. 12는 셔틀에 비즈를 감아 두고, 링을 뜰 때 왼손 실의 원 안으로 비즈를 1개씩 보내서 떠 넣는다.
※뜨는 법은 62쪽 아래.

〈13·14〉
1. 모티브를 8장 이으면서 뜬다.
2. 14는 셔틀에 비즈를 감아 두고, 링을 뜨고 그 다음 링을 뜰 때 뿌리 쪽으로 1개씩 보낸다.

**7·8**

모티브 연결
❶∼❽ 순서로 뜨면서 연결한다.

❽은 같은 기호의 피코에 연결한다.

**9·10**

①바깥쪽 링을 뜬다.

2번째 장 모티브를 앞면이 겉으로 나오도록 연결한다.

②안쪽 링을 뜰 때 바깥쪽의 피코(◯)를 쓰러뜨려서 연결한다.

비즈는 안쪽 링에 넣고 뜬다.

2.8cm

2.8cm

3.2 cm

**13·14**

모티브 연결.
❶∼❽ 순서로 뜨면서 연결한다.

모티브 A

모티브 B

3.2 cm

3.2cm

※같은 기호에 연결한다.

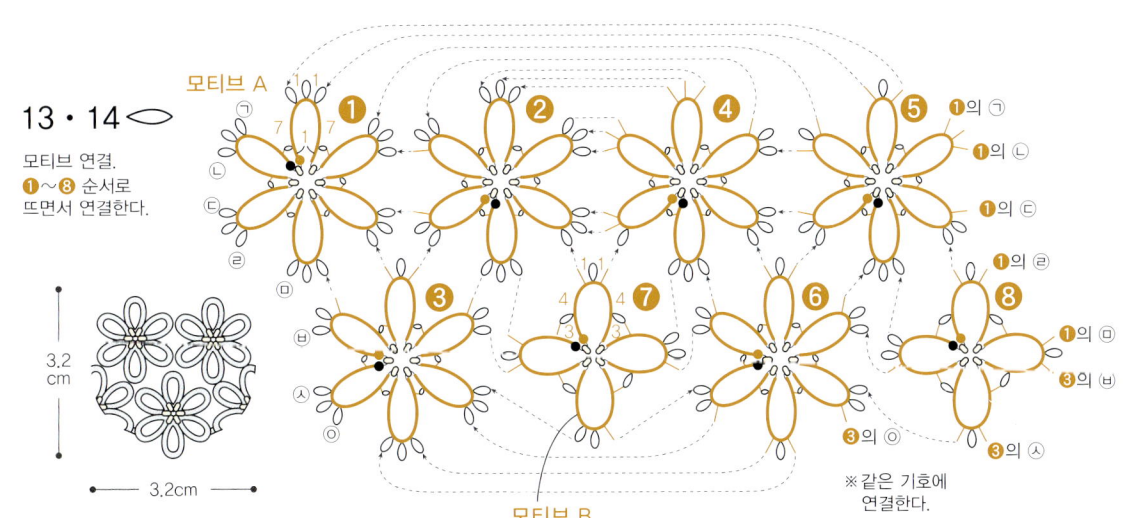

**기타오 에미코**(EMIKO KITAO) 저자

레이스연구 모임 「바늘회」 대표로. 1998년부터 3.4년에 한 번씩 회원들의 작품 전시회를 열고 있다. 2012년 5월에는 독일 프리츨라 향토박물관에서 「바늘회 레이스 작품전」을 개최하였다. 저서로는 〈작은 태팅레이스100〉, 〈기초부터 이해가 잘 되는 간단! 태팅레이스〉, 〈화려한 클래식 레이스 바텐레이스〉, 〈예술뜨기 쿤스트레이스〉, 〈바텐과 즐기기〉 등이 있다.

**강수현** 역자

덕성여자대학교 문헌정보학과를 졸업하고. 글밥아카데미의 출판번역 과정을 수료한 후 현재 바른번역에서 전문 번역가로 활동 중이다. 무엇이든 손으로 만들기를 좋아하는 수예 경력 11년차 번역가로, 이해하기 쉽고 친숙한 표현으로 글을 풀어가는 독자 지향형 번역을 목표로 삼고 있다. 옮긴 책으로는 〈모티브로 만드는 코바늘 소품〉, 〈머리가 커서 귀여운 손뜨개 인형〉, 〈손뜨개 미니어처 소품 100〉 등이 있다.

**STAFF**

북 디자인 : 히로가네 나미 (Two peace)
촬영 : 고즈카 야스코 (작품), 혼마 노부히코 (프로세스. 실 견본)
스타일리스트 : 히라오 도모코
제작 협력 : 이데 도모코, 사이토 게이코, 슈다이 가오리. 다카하시 마유리.
나카시마 미키코, 하사키 노리코, 요코야마 요코, 와다 노부코
뜨는 법 해설·프로세스 해설 : 사사키 하쓰에
도안 : 다마 스튜디오
프로세스 협력·뜨는 법 교열 : 이데 도모코, 사이토 게이코
기획·편집 : E&G Creats (야부 아키코, 가미야 마유카)

※인쇄물이므로, 실의 색상이 표시한 색 번호와 다소 다를 수 있습니다.
※포인트 레스에서는 알아보기 쉽도록 실의 굵기. 색상 등을 바꾼 사진으로 과정 설명을 합니다.

달콤한 오후를 위한 첫 레이스 뜨기
# 태팅레이스 액세서리

1판 1쇄 인쇄 2017년 11월 25일
1판 1쇄 발행 2017년 11월 30일

저자_기타오 에미코(EMIKO KITAO) 역자_강수현 출력_카이로스 인쇄_도담프린팅
발행인 손호성 펴낸곳_핸드크래프트.스타일 일원화_북센 등록_제 312-2013-000016호 주소_서울시 종로구 송월길 경희궁자이 2단지 204동 1402호
전화_070.7535.2958 팩스_0505.220.2958 e-mail_atmark@argo9.com Home page_http://handcraft.style ISBN 979-11-5895-104-7 13630
ISBN_979-11-85423-26-5 13590

※ 값은 책표지에 표시되어 있습니다.
※ 〈핸드크래프트.스타일〉은 아르고나인 미디어그룹의 라이프 스타일 브랜드입니다